高质量发展：资源经济的
绿色发展转型研究

梁坤丽　著

中国商务出版社

图书在版编目（CIP）数据

高质量发展：资源经济的绿色发展转型研究 / 梁坤

丽著.-- 北京：中国商务出版社，2022.2

　　ISBN 978-7-5103-4164-9

　　Ⅰ. ①高… Ⅱ. ①梁… Ⅲ. ①资源经济学－研究－中

国 Ⅳ. ①F124.5

中国版本图书馆 CIP 数据核字(2021)第 258162 号

高质量发展：资源经济的绿色发展转型研究

GAOZHILIANG FAZHAN：ZIYUAN JINGJI DE LÜSE FAZHAN ZHUANXING YANJIU

梁坤丽　著

出　　版：中国商务出版社
地　　址：北京市东城区安定门外大街东　　　邮编：100710
责任部门：职业教育事业部（010-64218072　295402859@qq.com）
责任编辑：刘玉洁

总 发 行：中国商务出版社发行部（010-64208388　64515150）
网　　址：http：//www.cctpress.com
邮　　箱：cctp@cctpress.com

排　　版：牧野春晖
印　　刷：北京市兴怀印刷厂
开　　本：710mm×1000mm　　1/16
印　　张：11.5　　　　　　　　　　　字　　数：210 千字
版　　次：2023 年 3 月第 1 版　　　印　　次：2023 年 3 月第 1 次印刷
书　　号：ISBN　978-7-5103-4164-9
定　　价：79.00 元

前　言

随着全球人口不断增加、城市化进程日益加快，在全球经济与社会发展过程中的资源消耗及环境损失等问题日益严峻，地球生态系统承受的负荷逐渐增加，人们越来越深刻地意识到自然资源及环境容量制约着世界经济与社会发展的问题。

改革开放以来，中国经济在取得举世瞩目的成就的同时也带来了资源、能源消耗和碳排放的迅速增加。这种以资源、能源和环境质量损耗为代价的经济增长，透支了发展的质量和效益，并形成巨大的环境压力。绿色发展是一项复杂的系统工程和长期任务，涉及经济、产业、科技进步和体制机制等各方面，需要我们付出长期艰苦不懈的努力。中国推动绿色转型，具有制度优势、后发优势和超大规模经济体优势，以及传统产业绿色技术改造空间大的优势，同时也受到"挤压式"工业化、资源禀赋和能源结构、主要污染物排放进入峰值平台期等多方面因素的制约，我国经济发展仍将面临诸多挑战。在今后一个时期内，中国必须坚持走绿色发展之路，构建资源节约、环境友好的绿色发展体系，努力形成人与自然和谐发展的现代化发展新格局。

党的十九大报告指出，新时期我国在经济发展过程中要更加注重转变发展方式、优化经济结构、转换增长动力等问题，并提出了绿色、低碳、高质量的发展要求，这为资源型经济转型发展指明了方向。绿色发展是一种高质量的经济运行模式，其核心是强调经济发展过程与环境的和谐统一。当前，学术界对绿色发展的理论研究大多基于其概念的内涵、绿色绩效测度等方面，对于像经济发展与环境高度捆绑的资源型绿色转型方面的研究甚少。因此，本书聚焦资源型经济的绿色发展与转型，明确了资源型经济高质量发展与转型的必要性和基本策略，希望为我国经济发展质量的提升提供一定的借鉴。

本书以构建资源经济高质量发展体系为研究目的，以绿色发展为切入点，通过阐述绿色转型对资源经济发展质量提升的作用，系统全面地分析和研究了资源经济的转型及发展质量的提升。本书共分七章三个部分对研究主题进行分析，第一部分为第一章到第三章，通过对资源经济、绿色发展、资源经济绿色发展必要性以及资源经济绿色转型的内部激励进行分析和介绍，明确了绿色发展是资源经济实现高质量发展的主要途径。第二部分为第四章到第六章，这一部分从绿色经济切入，着重对绿色经济的相关内容进行分析，主要包括绿色经济模式的原则与本质、绿色经济发展态势、绿色经济发展的社会模式以及实现机制等内容。最后一部分为七章，本章内容将资源经济与绿色发展相结合，并从金融、科技、制度以及文化四个方面对资源经济的绿色转型发展进行了探索，明确了在资源经济发展质量提升的过程中，以绿色发展为目标的基本思路和措施。

为了确保研究内容的丰富性和多样性，作者在写作过程中参考了大量理论与研究文献，在此向涉及的专家、学者表示衷心的感谢。最后，限于笔者水平有限，加之时间仓促，本书难免存在疏漏，恳请各位读者批评指正！

作　者

2021 年 12 月

目　录

第一章　资源与资源经济

第一节　资源与资源经济

一、资源

资源是一国或一定地区内拥有的物力、财力、人力等各种物质的总称。资源，可分为自然资源和社会资源两大类。自然资源如阳光、空气、水、土地、森林、草原、动物、矿藏等；社会资源包括人力资源、信息资源以及经过劳动创造的各种物质财富等。

《辞海》将资源定义为：一般天然存在的自然物，如土地资源、矿藏资源、水力资源、生物资源、海洋资源等，是生产的原料来源和布局场所。随着社会生产力的提高和科学技术的发展，人类开发利用自然资源的广度和深度也在不断增加。

《大英百科全书》将资源定义为：所谓资源是人类可以利用的自然生成物，以及形成这些成分的源泉的环境功能。

马克思在《资本论》中指出："劳动和土地，是财富两个原始的形成要素。"恩格斯对资源的定义是："其实，当劳动和自然界在一起时，它才是一切财富的源泉，自然界为劳动者提供材料，劳动者把材料转变为财富。"[①]马克思、恩格斯的定义，既指出了自然资源的客观存在，又把人（包括劳动力和技术）的因素视为财富的另一种不可或缺的来源。可见，资源的来源及组成，不仅包括自然资源，而且还包括人类劳动的社会、经济、技术等因素，以及人力、人才、智力（信息、知识）等资源。

《经济学解说》将"资源"定义为："生产过程中所使用的投入。"这一定义很好地反映了"资源"一词的经济学内涵，资源从本质上讲就是生产要素的代名词。按照常见的划分方法，资源被划分为自然资源、人力资源和加工资源。

由此可见，所谓资源指的是一切可被人类开发和利用的物质、能量和

---

① 马克思恩格斯选集（第 4 卷）[M]．北京：人民出版社，1995：373．

信息的总称，它广泛地存在于自然界和人类社会中，是一种自然存在物或能够给人类带来财富的财富。或者说，资源就是指在自然界和人类社会中的一种可以用以创造物质财富和精神财富的具有一定量的积累的客观存在形态，如土地资源、矿产资源、森林资源、海洋资源、石油资源、人力资源、信息资源等。资源是一切可被人类开发和利用的客观存在。经济学研究的资源是不同于地理资源（非经济资源）的经济资源，它具有使用价值，可以为人类所开发和利用，并产生经济收益。

（一）自然资源

1. 自然资源的含义

宏观上，一个国家（地区）的自然资源禀赋是静态的，但自然资源却是处于动态变化之中的。因此，随着社会经济的发展和技术的不断进步，对自然资源概念的认识角度也在不断变化与演进。英文中的资源"Resource"由"Re"和"Source"两部分组成，分别理解为"再"和"来源"的意思，亦有财富来源之意。"资源"通常有广义与狭义之分。广义的资源指人类生存与发展所需要的一切物质和非物质的要素，既包括自然资源，也包括人类生产出来的非自然资源，如社会资源和经济资源等。狭义的资源指自然资源。

《辞海》将资源解释为"资财之源，一般指天然的财源，指天然存在的自然物，不包括人类加工制造的原料，如土地、水、海洋、生物等资源，是生产的原料来源和布局场所"，该定义强调了资源的非人工性。

1972年，联合国环境规划署（UNEP）将自然资源定义为："在一定时间和空间条件下能够创造经济价值，以提高人类当前及将来福利的自然环境因素和条件的总和，包括土地、水、矿产、海洋、气候、生物等资源。"《大英百科全书》对自然资源的定义是："人类可以利用的自然生成物及形成这些成分的源泉的环境功能。前者如土地、水、矿物、大气、生物、岩石及其群集的森林、草场、矿产、陆地、海洋等，后者如太阳能、地球物理的环境功能（气象、海洋现象、水文地理现象）、生态学的环境功能（植物的光合作用、生物的食物链、微生物的腐蚀分解作用等）和地球化学的循环功能（地热现象、化石燃料、非金属矿石生成作用等）"，该定义强调了自然资源的环境功能。从资源经济学的角度来看，该定义认为自然资源是天然形成的，能够为人类的生产和生活提供物质来源，从而使人类生活水平得以提高。

当前，国内外学者对自然资源的认识的广度和深度虽然各异，但是对于自然资源的理解仍然存在共性，主要包括三个方面：

第一，自然资源的自然属性。

第二，自然资源作为生产要素为人类带来经济价值和生态价值的社会经济属性。

第三，自然资源的种类、数量以及质量在不同时间和空间上是动态变化的。

因此，自然资源可以概括为在一定时空条件下能够产生经济价值，使得人类当前及将来的福利得以提高的自然环境因素和条件，具有有用性、可控性、区域性、系统性、更新性和时效性的特征。

2. 自然资源的分类

为了更好地了解自然资源、开发自然资源、利用自然资源，学者从不同的层面和角度对自然资源的分类进行了界定。目前，自然资源的分类主要有以下几种。

（1）按照存在的形式分类。资源可分为六大类，即土地资源、气候资源、水资源、生物资源、矿产资源和环境资源。在国土自然资源开发利用中，自然资源包括土地资源、气候资源、水资源、生物资源、矿产资源、海洋资源、能源资源和旅游资源。按照存在形式划分的自然资源的组成及其功能，见表 1-1 所示。

表 1-1　按照存在形式划分的自然资源的组成及其功能

类型	含义	组成	功能
土地资源	地球陆地表面由地形、土壤、植被、岩石、水温和气候等因素组成的一个独立的自然综合体	按地形分为山地、高原、丘陵、平原、盆地等；按利用类型分为耕地、林地、草地、宜垦荒地、宜林荒地、沼泽滩涂、水域、工矿、交通城镇用地、沙漠、永久积雪冰川等	为人类生活和生产活动提供空间场所和提供多种使用功能
气候资源	在地球大气圈中可以被开发利用的物质和能源	太阳辐射、热量、降水、空气及其运动等要素	太阳辐射为地球上一切生物的代谢活动提供了所需的能量，为大气环流和气候变化提供了动力；降水为生命活动和自然界水分循环提供了补给的水源
水资源	在目前技术和经济条件下可以被人类利用的陆地淡水资源	大气水、河流水、湖泊和湿地水、地下水和冰川积雪融水	是地表生物体的基本成分，是工农业生产的重要原料和传输介质

类型	含义	组成	功能
生物资源	生物圈的全部动物、植被和微生物	按植物群落的生态外貌特征可分为森林、草原、荒漠和沼泽等；按动物类群可分为哺乳类、鸟类、爬行类、两栖类和鱼类等	地球表面的生物多样性为生态系统的平衡、稳定以及动态发展奠定了基础
矿产资源	经过一定的地质过程形成的，赋存于地壳内或地壳上的固态、液态或气态物质，当它们达到工业利用的要求时，被称为矿产资源	按各原料物理性质和用途划分为黑色金属、有色金属、冶金辅助原料、燃料、化工原料、建筑材料、特种非金属和稀土稀有分散元素8类	是工业尤其是冶金业、化工、建筑等工业部门重要的原料
能源资源	能够提供某种形式能量的物质或物质的运动都可以称为能源	包括太阳辐射、地球热能、原子能、潮汐能和各类化石类矿物	为生产和生活提供能量
海洋资源	其来源、形成和存在方式都直接与海水有关的物质和能量	包括海洋生物资源、海底矿产资源（滨海砂矿、大陆架油气和深海矿床等）、海水化学资源、海洋动力资源（波浪、潮汐、温度差、密度差）等	为人类开发海洋提供原料、介质或活动场所
旅游资源	能够提供一般舒适性享受等环境服务，并为旅游者提供游览、观赏、求知、乐趣、度假、疗养、休闲、探险猎奇的景观	主要包括舒适性环境（地理环境、自然景观和自然现象）以及各种自然旅游资源	为人们提供休息和旅游的物质和精神享受

（2）按照可持续利用程度分类。按照可持续利用程度，自然资源可分为三大类：储存性资源、恒定性资源和临界性资源。储存性资源的自然供给总量是相对固定的、有限的和不可更新的，它又可再分为两类：一是不可回收和再利用的资源，如煤、石油、天然气等化石燃料；二是可回收和再利用的资源，如金属矿等。恒定性资源是指可以源源不断地进行持续利用的资源，如阳光、雨水、风、潮汐等。临界性资源是指如果利用强度不超过其更新能力，就能保持其自然再生，如动物资源、植物资源、土地资源等。

（3）按照产权归属方式分类。按照产权归属方式，自然资源可分为两大类：专有资源和共享资源。专有资源是指具有明确的所有者，能通过法律或所有权的形式对资源的使用加以控制、分配和管理的资源。共享资源是指具有非排他性和非竞争性，没有明确的所有者或其所有者难以行使所有权的资源，如空气、公海等。共享资源和专有资源没有严格的边界，只有专有程度上的差别。例如，一些跨界河流虽然归属国所有，但河流上下游两国居民可以共享（如莱茵河、多瑙河和尼罗河等）；城市内的绿地和公园虽然归城市公民所有，但可以让市民和过客共享。

（4）根据再生性质分类。根据再生性质，自然资源可以分为两大类：耗竭性资源和可更新资源。耗竭性资源是指在任何对人类有意义的时间范围内，资源质量保持不变，资源蕴藏量不再增加的资源。对耗竭性资源来讲，开采过程就是资源被耗竭的过程。可更新资源是指能够通过自然力量以一定的增长率保持存量或增加流量的自然资源，如太阳能、大气、水体、植物、动物、土壤等。有些可更新资源的存量和流量会受到人类利用方式的影响。对可更新资源的合理开发利用，可使其不断恢复、更新、再生产以至不断增长；对可更新资源不合理的开发利用，就会阻止其可更新性的产生。如过度捕鱼减少了鱼的存量，进而减少了鱼群的自然增长量。此外，还有一些可更新资源的存量和流量是不受人类的影响的，如太阳能、风能等，当代人消费的数量也不会使后代人消费的数量减少。

（二）社会资源

1．社会资源的含义

社会资源是为了应对需要，满足需求，所有能提供而足以转化为具体服务内涵的客体。

社会资源是人类宝贵、重要、富有活力的资源。社会资源包括人力资源、智力资源、文化资源、信息资源、技术资源，等等。长期以来，人们对资源特别是对社会资源的认识、开发和利用上存在着很大的片面性和盲目性。首先，用传统的观点认识资源，只看到自然资源，看不到社会资源，更看不到社会资源在自然资源转换过程中的主要作用，尤其忽视对人力资源的开发；只看到资源的表层开发利用，看不到资源的深层开发利用；只看到资源的单一方面的利用，看不到资源的多方面开发和综合利用。其次，是用静止的观点看待动态的资源系统转换过程，只看到资源的相对静止状态，看不到技术、人才、智力等社会资源的运动状态，因而在对区域的开发和建设中，把目光局限在相对静止的资源上，不能有效地开发和利用流动的社会资源，路子越走越窄，造成劳动力、技术、人才等经济资源的大量闲置和浪费。再次，是用孤立的观点认识资源，往往只看到各种资源表面形态分离的一面，看不到各种资源之间的内在联系，局限于一次性生产和对单一产业的开发。因此，不是资源被闲置、浪费，开发效益低下，就是掠夺性开发，导致资源破坏或环境污染。在经济欠发达地区，自然资源虽然有着相对的优势，但是由于对社会资源的开发程度过低，使对自然资源开发利用程度极不充分。研究表明，忽视对社会资源的开发，就不可能从经济、资源、社会的角度出发正确分析和客观评价经济欠发达地区资源状况和研究资源开发途径，确立符合经济欠发达地区的发展战略目标，也不可能合理开发和综合利用各种资源，促使生产要素的横向流动和优化组合，难以形成开发和发展的能力，更不可能扩大开发规模、拓展开发层次、提高开发效益，把经济欠发达地区的资源优势转化为经济优势。因此，在整个经济欠发达地区的资源开发和社会发展过程中，对社会资源开发也是促进经济欠发达地区经济发展的主要手段和途径。

2. 社会资源的特点

社会资源同自然资源相比较，具有以下突出特点：

（1）社会性。人类本身的生存、劳动、发展都是在一定的社会形态、社会交往、社会活动中实现的。劳动力资源、技术资源、经济资源、信息资源等社会资源无一例外。社会资源的社会性主要表现在：

第一，不同的社会生产方式会产生不同种类、不同数量、不同质量的社会资源。

第二，社会资源是可以超越国界、超越种族关系的，谁都可以掌握和利用它创造社会财富。

（2）继承性。社会资源的继承性特点使得社会资源不断积累、扩充、发展。知识经济时代是人类社会知识积累到一定阶段和一定程度的产物，就是积累到"知识爆炸"，使社会经济发展以知识为基础，这种积累使经济时代发生了一种质变，即从传统的经济时代（包括农业经济、工业经济，农业经济到工业经济局部质变）飞跃到知识经济时代，这是信息革命、知识共享必然的结果。社会资源的继承性主要通过以下途径实现：

第一，人力资源通过人类的遗传密码继承、延续、发展。

第二，通过载带信息的载体长期保存、继承下来。人类社会通过书籍、音像、磁带和教育手段等来继承人类的精神财富。

第三，劳动创造了人，人又把在生产劳动中学会的知识、技能物化在劳动的结果——物质财富上继承下来。

社会资源的继承性，使人类社会的每一代人在开始社会生活的时候，都不是从零开始，而是在前人创造的基础上迈步的。在社会经济活动中，人类一方面把前人创造的财富继承下来，另一方面又创造了新的财富。也正因为这样，科技知识不断发展，一代胜过一代，并向生产要素中渗透，使劳动者素质不断提高、生产设备不断更新、科研设备得到改进，并提高了经营管理水平。社会财富的积累、反过来又加速了科技的发展。

（3）主导性。社会资源的主导性主要表现在以下两个方面：第一，社会资源决定资源的利用、发展的方向；第二，在社会资源变为社会财富的过程中，它表现、贯彻了社会资源的主体——人的愿望、意志和目的。这就是马克思讲的"最蹩脚的建筑师从一开始就比灵巧的蜜蜂高明的地方"[①]。

（4）流动性。社会资源流动性的主要表现是：第一，劳动力可以从甲地迁到乙地；第二，技术可以传播到各地；第三，资料可以交换，学术可以交流，商品可以贸易。利用社会资源的流动性，不发达国家可以通过相应的政策和手段，把他国的技术、人才、资金引入自己的国家。中国改革开放、开发特区的理论依据也包括这方面的内容。

（5）不均衡性。社会资源的这种不均衡性是由以下原因形成的：自然资源分布的不平衡性；经济和政治发展的不平衡性；管理体制、经营方式的差异性；社会制度对人才、智力、科技发展影响作用的不同。

二、资源型经济

（一）资源型经济的含义

资源型经济研究的范围极广，包括经济增长、资源开发、产业结构、经济制度、环境保护、资源及其财富管理、贸易条件、工业化等诸多内容。

资源型经济主要是指以对能源资源（如煤、石油、天然气等）的开发，或以对矿产资源（如铁、铜等）的开发为经济发展主导力的经济体系。确定其是否为资源型经济，主要由以下四点来判断：

第一，资源型产业是否属于当地的支柱型产业，是否在当地的产业体系中起主导作用。

第二，资源型产品是否为国际或区域的主体，贸易格局的变化是否主要以资源型产品作为贸易的主导。

第三，当地的生产活动对资源的依赖性是否很强，经济增长的重要动力是否来源自对资源的开发利用。

---

① 马克思恩格斯全集（第 23 卷）[M]．北京：人民出版社，1972：202．

第四，资源部门是否对工业化的进程具有重大的影响，其中，特别是对贸易条件的影响程度。通过对以上四点内容进行分析，当答案均为肯定时，说明该区域属于资源型经济发展区域。

（二）资源型经济的特点

资源型经济的主导产业依赖相关资源而发展。由于资金投入集中于资源开采，导致其他产业因投资匮乏而发展缓慢。由于矿产资源的有限性和不可再生性，随着资源被不断开采利用，可开发利用的资源将逐渐减少并最终耗尽，依赖资源而形成的产业链条就会断裂并且开采活动对环境生态破坏严重。各种矿床的开采严重破坏了地下结构，导致出现了大片沉陷区；而对地表资源的开采则剥离了地表植被，使环境生态恶化并难以逆转。对矿产品的初加工产生了的大量粉尘和有害气体，更加剧了环境恶化。人们对原有经济发展模式的路径依赖，忽视了对技术创新能力的培育，伴随着资源的开发殆尽，传统经济发展模式的转型将更加困难。

（三）资源型经济的不足

当前，很多资源丰富的发展中国家或地区出现了资源型经济问题，表现为贸易条件恶化、资源收益分配不公、经济波动、产业单一等，甚至引发收入分配失衡等影响社会安定和团结的现象。具体现象可归纳如下：

其一，贸易条件恶化，引发"反工业化"现象。资源发现和资源繁荣增加了资源部门对资金、技术、人才、土地等经济要素的需求，导致要素价格上升，要素价格弹性改变，引起了经济要素比价变化，以及要素在部门间的流动和重新配置，从而使得原有的经济平衡被打破。另外，要素价格的变化，抬高了其他部门，尤其是制造业成本飙升，削弱了其他产业的竞争力，严重降低了贸易部门的国际竞争力，使贸易条件恶化，继而导致就业比重下降，出现"反工业化"现象。

其二，资源收益分配不公。自然资源是天赋财富，与其他产品的特征和属性存在较大差别，在资源丰富的国家或地区，面对突如其来的资源产业的繁荣，往往缺失相应的制度准备和调节机制，资源收益分配问题十分严重。尤其在资源价格高扬的时候，巨额的溢价收益流向矿产所有权人，而当地百姓却未能享受到应有福利，导致收入分配严重不公平。甚至在某些国家或地区出现了严重的政府寻租行为，资源收入分配体制被严重扭曲，分配矛盾进一步加剧。

其三，资源型产品价格波动容易引起经济波动。第二次世界大战以后，世界资源型产品价格波动不定，尤其以石油为代表的能源产品和金属矿物产品价格为甚，给资源生产和输出国及地区的经济发展带来了巨大影响。如在 2008 年金融危机中，俄罗斯深受其害，国家财富蒸发，失业严重，产业结构单一化问题凸显。在资源型经济中，资源产业多为国民经济的支柱，资源收益多为政府财政收入主体，表现出来的是经济发展为资源价格波动所影响。一旦资源价格走低，当资源收益下降时，国家预算就会出现紊乱，经济难以正常运转，甚至引发严重的社会后果。

其四，单一资源型产业结构引起的产业结构不合理问题。依据比较优势定理，多数资源禀赋富集的经济欠发达国家或地区往往将优质资源（政府投资、民间投资及外国投资）集中投资资源型产业，并在短期内实现发展，如海湾诸国。资源型经济兴起，必然有相关配套产业和服务产业发展，形成依附于资源型产业的产业体系。因此，产业间形成了一种休戚与共的关系，并共同维系和受制于资源优势，表现出经济支撑的脆弱性。同时，资源型产业扩张，必然引起其他产业所配置资源减少而呈现萎缩趋势，从而导致产业结构单一化，削弱了产业综合竞争力。

总之，自 20 世纪以来，资源经济问题不仅表现为资源的枯竭和退化，而且资源问题和环境问题交织在一起，资源环境问题已引起社会各界的广泛关注。进入 21 世纪以来，资源问题更加突出，同时，由于资源问题引起的国家、民族、区域矛盾也呈加剧状态，区域间、国家间的资源竞争更为突出，边缘政治格局也更为复杂。

第二节　资源经济学的产生与发展

一、资源经济学的产生

对资源问题的研究可以追溯到几千年前。在古代，人类已经开始对资源的开发利用进行了研究。如《周易》一书中曾有"阴阳五行""天人合一"的说法，用以说明人与自然的关系。《齐民要术》中指出："顺天时，量地利，则用力少而成功多。任情返道，劳而无获。"意思是说，人类应适应自然、顺从自然规律开发利用资源。《孟子·梁惠王篇》说："数罟不入洿池，鱼鳖不可胜食也；斧斤以时入山林，材木不可胜用也。"并提出适时适度利用和保护自然资源的思想。在西方，研究资源经济问题的人首推 17 世纪英国资产阶级古典经济学创始人威廉·配第，他曾有过"劳动是财富之父，土地是财富之母"的名言。18 到 19 世纪英国古典经济学著名代表人物大卫·李嘉图提出差额地租论，认为随着土地资源的稀缺，劣质土地也被开发利用从而增加农产品成本。德国农业经济学家屠能提出农业区位理论，完善和丰富了地租理论和土地经济学理论。之后，无产阶级经济学家马克思提出劳动力和土地是财富的源泉。再后来，英国经济学家马歇尔认为土地是自然资源的主体，其他自然资源都是与土地结合为一体的，所以土地是自然资源的综合体，从而使人们对土地经济的研究逐步走向对资源经济学的研究。到 20 世纪 30 年代，以资源字样冠名的经济学著作问世，标志着资源经济学已从政治经济学和宏观经济学中独立出来，成为经济学的一个新的分支学科。

二、资源经济学的发展

朴素的资源经济思想在中外的古籍中都可以找到。但人类开始重视并研究资源经济问题，是从第一次工业革命开始的，至今经历了孕育、产生和发展三个阶段。

（一）孕育阶段（17 世 60 年代至 20 世纪 20 年代）

这个阶段包括西方经济学的两个发展阶段：古典经济学阶段和新古典经济学阶段。资源经济学的诸多思想和内容就体现在这两个阶段的许多经济学大师的论著中。

资本主义，尤其是第一次工业革命带来经济的迅速增长，它是以大量利用和消耗自然资源（尤其是矿物燃料和原料）为前提的。这种社会存在反映在古典主义经济学家的著作中，他们关注的主要有两个问题：一是提高资源的利用效率，二是经济增长的长期发展前景问题。对于第二个问题，英国经济学家马尔萨斯等持悲观态度。由于古典经济学侧重关注的是资源供给对财富生产和经济增长的制约作用，故"代价决定论"（包括劳动价值论）成为这个阶段占主导地位的价值理论。所谓"代价决定论"，是指财富的价值由生产财物必须付出的代价（生产费用、成本或劳动等）决定。

新古典经济学对资源经济学的贡献主要表现在四个方面：①边际效用价值论；②边际分析法和均衡分析法；③均衡价格理论；④资源优化配置理论和外部性理论。总之，在资源经济学的孕育阶段，经济学已为资源经济学的产生做好了必要的基础理论和分析工具准备。

（二）产生阶段（20 世纪 20 至 50 年代）

18 世纪中叶第一次工业革命爆发，使人类开始走上机械化大生产时代。机器代替了手工生产，极大地提高了劳动生产效率，加之人口的剧增，导致生产对资源的需求大幅增长。20 世纪初的第二次工业革命，是人类走向电气化的新纪元，全球生产力得到了高速的发展，致使大规模地开发利用自然资源，尤其是对地下矿产资源的开采大大地促进了资源型产业的形成和发展，同时，也导致资源短缺、环境污染和生态破坏等问题进一步加剧。因此，对经济发展与资源开发之间的关系进行新的界定成为迫切的时代需求，资源经济学应运而生。

（三）发展阶段（20 世纪 50 年代至今）

此阶段还可以分为两个亚阶段：第一个亚阶段是从第二次世界大战结束到 20 世纪 70 年代末，第二个亚阶段是从 20 世纪 80 年代初至今。20 世纪 80 年代初之前，资源经济学关注和研究的重点是资源短缺或危机问题，之后是可持续性问题。

20 世纪 50 年代，美国科学家首次提出"资源科学"的概念；60 年代，日本经济学家都留重人提出"公害政治经济学"理论；60 年代末，美国经济学家博尔丁提出"地球飞船经济"论；70 年代，英国金融资本家戈德史密斯从自然资源需求出发提出建立"平衡稳定社会"等。

20 世纪 80 年代《21 世纪议程》的颁布，使可持续发展成为世界各国经济发展的战略目标。由于可持续发展的四大问题——人口、资源、环境和发展都与自然资源的开发利用密切相关，从而导致社会实践对资源经济理论的迫切需要与已有资源经济理论的供给短缺产生了尖锐的矛盾。正是这种矛盾促使从事资源经济研究的机构在世界各国如雨后春笋般涌现，资源经济学得到了前所未有的发展。在此期间，不少国家的大学纷纷增设资源经济学学科和增开资源经济学课程。到 1993 年，美国有 13 所大学开设了此类课程，当时，英国、德国、加拿大、日本、巴西等二十多个国家的几十所大学相继增设资源经济学科专业。

中国大规模开展资源经济研究始于 20 世纪 50 年代。为了适应国民经济发展的需要，各个部门都开展了大规模的资源调查、评价、区划和开发利用规划及资源保证程度分析等研究工作，这些基础性工作所取得的大量成果，为我国资源经济学的学科建立和发展奠定了坚实的基础。改革开放后，尤其是从 1992 年里约热内卢世界环境与发展大会以来，我国的资源经济研究和资源经济学科发展更是取得了前所未有的进展。

第三节　资源经济的转型

一、资源经济转型的必然性

资源型经济转型就是摆脱从资源开发到资源繁荣再到资源收益的路径依赖，改变资源配置方式和生产方式，改变所有权结构与激励约束机制，其实就是改变经济发展方式。资源型经济发展方式存在着高消耗、高污染、高投入、低效益、发展不平衡等一系列问题，且经济安全性差。如国际金融危机的爆发，使资源型经济发展中的这些不合理因素充分暴露出来，经济波动幅度较其他地区更大，经济增长速度非常缓慢。改变传统落后的粗放的经济发展方式，实现经济发展的集约、清洁、绿色和健康，已经成为资源型地区经济发展的迫切任务。

资源型经济的性质决定了推进经济转型是资源型地区实现经济可持续发展的必然战略选择。历史经验和研究数据表明，在一个较长的时间范围内，资源丰富国家经济增长的速度缓慢，甚至是停滞的。在我国一些自然资源丰富的省份和地区在改革开放以后并没有因其自然禀赋的有利条件而走上快速发展的道路。从经济社会发展水平上看，这些资源丰富省份不仅没有超越甚至还落后于其他资源匮乏省份。矿产资源是不可再生的自然资源，存在着从兴起到鼎盛再到衰竭的客观规律。资源型经济转型成为资源型地区，特别是资源面临枯竭地区不得不作出的现实选择，否则无法避免出现矿竭城衰的后果。德国、法国和日本等发达国家在解决资源型经济体产业衰退问题上进行了许多探索。实践证明，推进资源型经济转型是规避"资源优势陷阱"的理性选择，是资源型地区经济步入可持续发展之路的根本出路。

二、资源型经济转型的基本方向

资源型经济转型是一个复杂的过程，既是一个经济发展方式的转型过程，也要伴随着生态环境、社会管理与发展的转型。因为资源型经济转型本身就是对经济、生态、社会等各方面问题的化解过程，在经济转型过程中也可能产生新的暂时性的经济和社会问题。从资源型经济的特征来看，要实现资源型经济转型，至少需要实现产业转型、生态转型、社会转型和发展动力转型。

（一）产业结构多元化

产品结构单一化和初级化是资源型经济的重要特征。资源型经济是以资源开采和初加工为主导的经济体系，加工深度不够，附加价值较低。资源型产业的过度繁荣，导致资金、技术、人才、土地等要素向资源型产业单向流动，相应地提高了其他产业的开发成本，导致接续替代产业和新兴产业的发展空间受到较大的制约，从而使产业结构单一化矛盾突出。由于产业结构单一化和初级化，资源型地区的经济增长速度缓慢。处于上游产业的资源产品始终受制于下游产业的发展。一旦经济出现波动，下游市场发生变化，资源型产业以及资源型地区的经济发展就会随之出现剧烈波动，区域经济就会面临着难以避免的发展风险。

产业结构多元化是资源型地区产业转型的基本要求。推进产业多元化，就是要以破解产业结构单一化问题为重点，推动产业结构的优化升级，形成新型、多元的现代产业体系。产业结构单一化既有资源禀赋和市场需求的原因，也与体制机制的不完善有很大关系。探索资源型地区产业结构优化升级新机制，是资源型地区实现产业转型的根本出路。

（二）生态环境友好化

生态环境恶化是资源型经济面临的突出问题。对矿产资源的高强度和长期性开发，往往会造成严重的外部性问题。在长期大规模进行资源开发的地区，一般都存在比较严重的生态环境问题。一方面是采矿业本身对生态环境的破坏问题，如地下水资源破坏、采空区扩大、地表塌陷、水体污染、植被减少、水土流失严重等；另一方面是因采矿业延伸发展而产生的矿产品洗选和加工产业带来的环境污染问题，如污染物排放增加、空气污染和水体污染严重、工矿废弃物大量堆积等。

生态环境友好是资源型地区产业转型的重要标准。推进生态环境友好化，就是要以解决生态环境破坏问题为重点，促进生态修复与环境保护，提升区域可持续发展能力。生态修复和环境保护是资源型经济转型的题中之义。要把资源、环境、生态作为一个统一的整体来考虑，促进经济发展与资源、环境、生态的协调发展。

（三）社会发展和谐化

社会问题复杂是资源型地区面临的突出矛盾。大多数矿区都布局在偏远的山区，受地质开采条件的制约，空间布局比较分散，基础设施建设成本大，城市功能发展滞后，集聚效应和规模效应不足，不利于形成具有较强吸引力和辐射力的区域中心。这个现状往往会导致市政公共设施和教育、医疗、就业等公共服务严重滞后，矿业企业的发展与矿区居民生活环境之间的社会保障及矛盾突出，给资源型地区的可持续发展带来许多严重问题。

社会发展和谐化是资源型地区社会转型的基本目标。社会发展和谐化就是要以破解"社会欠账"问题为重点，特别是要着重解决矿区职工的就业和社会保障问题、"老工伤"医疗保障问题、社会事业的发展不平衡问题，促进社会管理创新，从而实现民生幸福、社会和谐。

（四）向创新驱动转变

创新能力较差是资源型经济的一个软肋。在资源型地区，在边际利润率的驱动下，资本和劳动力过度地流入资源性产业，导致制造业和其他行业生产要素的严重匮乏。一方面是资源性产业的高收益对资本、技术和人力资源产生的强大吸引力，另一方面是人才和技术要求较高的其他产业发展缓慢甚至萎缩，从而给资源型地区的教育和科技研发活动带来不利影响。由此导致资源型地区创新体系和创新能力建设严重滞后，区域经济结构升级受到明显制约。

要实现资源型经济的根本转型，就必须实现经济发展动力的转型。而发展动力的转型就是要以解决创新能力不足为重点，完善区域创新体系，实现经济发展从资源依赖向创新驱动转变。此外，许多资源型地区不仅经济发展依赖资源，而且人们的思维方式、行为方式等逐渐形成了典型的资源依赖文化。改变资源依赖文化是资源型地区实现成功转型的深层次要求。

第二章 绿色发展是实现资源型经济转型的必然选择

第一节 绿色发展是可持续发展的必然选择

绿色转型既是企业实现可持续发展的内在需要，也是解决当前生态环境恶化问题的必然选择。在发展方式的选择上，企业倡导通过技术创新提升其对资源的利用水平和环境的保护能力来保障其经济效益。从企业发展本身来看，通过绿色转型能够促进自身的长久发展；对区域而言，通过绿色转型可优化区域产业结构；从国家层面讲，通过绿色转型，可促进经济、社会的健康发展。

一、绿色发展是经济可持续发展的必经之路

自改革开放以来，我国的经济以较快的速度发展，经济规模不断扩大，这是以大量的资源消耗为代价的，也带来了一定的环境问题。从发展的趋势来看，资源短缺将成为阻碍我国经济持续发展的严重问题。目前，我们的处境总的来说包括两个方面：一方面，我们需要快速发展经济。当今世界各国之间的竞争，实质上是经济实力的竞争，我国作为人口大国，只有成为经济强国，才能在国际社会中争得自己应有的地位。作为发展中国家，我们必须加快经济发展的步伐。另一方面，我们又不能通过牺牲以资源与环境的方式来换取经济的高速增长。实际上，以牺牲资源与环境换取的经济增长，并不是真正的发展，不是可持续的增长。这样的国情和处境决定了国家实施可持续发展战略是非常必要和紧迫的。

另外，我国的国情决定了我们必须走自己的可持续发展道路。由于各国的国情不同、所处的发展阶段不同，各国应当选择相应的可持续发展的道路。我国的国情决定了我们既不能照搬国外的模式，也不能走西方走过的道路。西方发达国家大多走过了"先破坏后治理"的道路。部分西方发达国家可以依靠先发优势，把世界的自然资源都纳入自己的经济周转范围中，甚至不惜通过使用战争手段来对发展国家的自然资源进行掠夺，这是

我们不可能做的。同那些自然资源比较丰富的发展中国家相比，我们更需要认真选择自己的可持续发展模式。由于各国资源的丰富度不同，解决环境问题的途径也会有所不同。如果说在那些资源丰富的国家，解决环境问题的途径可以侧重于保护自然生态系统的话，那么，在资源匮乏国家，解决环境问题就不能走"单纯保护"的路。我国必须走保护与建设并重的路，在发展中进行保护，又在保护中发展，以此来实现发展和保护的辩证统一。因此，我们的可持续发展之路包括两个方面：一方面，在经济建设中节约使用自然资源和保护环境；另一方面，通过人工的努力对已经退化的自然生态系统进行改善和重建。

发展绿色经济，是我国实现可持续发展战略的现实选择，是中国特色的可持续发展道路，"绿色经济"是我国首先提出的，是根据我国国情的现实选择。如在国际上通行的是"有机食品"的标准，"绿色产品"是我国的叫法，是我国的标准。当然，只有达到了"有机食品"标准的食品，才能在国际市场上占据优势，但面对现实，只有先达到绿色食品的标准，才能进一步问津更高标准的有机食品。可见，具有广泛可操作性的绿色经济是通向可持续发展的必经之路，通过每一个企业和每一个单位发展绿色经济的具体活动，使经济与资源、环境统一于绿色经济的实现形式中。

二、绿色发展是企业可持续发展的必经之路

（一）企业可持续发展的内在要求

长期以来，资源采掘业和初级加工是部分企业的主要经营方向，发展方式单一粗放。自然资源储量是有限的，其不可再生性也决定了企业无法长期依靠对资源的采掘及其加工生存下去。为了企业的长久发展，企业管理者需要为企业的发展找到新的出路，通过绿色转型提升企业的可持续发展能力。

生产技术的落后导致在资源开发和利用过程中造成大量的浪费，并对生态环境造成了严重的破坏。随着资源储量的逐渐减少，当自然资源出现枯竭时，企业的发展将面临严重的危机，社会的发展和进步同样会面临严重的危机，因此，无论是企业管理者还是社会管理者，都要及时转变发展观念，坚决贯彻可持续发展理念。

在资源禀赋的加持下，资源型企业参与市场竞争的能力被削弱，再加上缺乏专业人才，科技创新能力较差，企业发展面临重重困难。另外，在

发展过程中，由于内部制度的老化，企业管理会面临多种问题，因此，加快技术创新，构建现代企业经营管理体系，不断提升企业的技术水平和管理水平，实现绿色转型成为企业可持续发展的必然选择。

企业只有通过转变自身的发展方式，并通过制度更新、技术更新以及人才更新等多方面的转变，才能够冲破发展的瓶颈，找到新的增长点和动力源泉，为企业重新注入新的活力，从而实现企业的再次腾飞。

（二）解决绿色环境困境的迫切需要

环境问题加剧，自然资源过度消耗，严重影响着企业的生存和发展，对社会生产和生活造成了严重影响，因此，转变企业发展方式，促进企业绿色转型已经迫在眉睫。坚持可持续发展，解决企业日益严重的资源环境困境，是世界各国迫切需要解决的问题。

要从根源出发优化能源供给，实现对一次能源的减量化和增质化使用，实现对不可再生资源的合理使用。大力发展清洁能源，加大对二次能源的开发力度，促进清洁能源形成的规模化，逐步降低对不可再生能源的使用和供给比重，促进能源结构的优化转型。在促进能源的清洁高效利用、绿色能源开发方面进行技术创新，探索出一条能源企业绿色转型的新路，化解企业面临的资源环境问题。

（三）社会主义生态文明建设的必然要求

把生态文明建设融入经济、政治、文化和社会发展中，坚持走绿色、高效、可持续的发展道路，从而实现人类社会的永续发展。改变传统发展方式，是实现经济社会可持续发展的关键举措。绿色发展倡导低碳、环保、节约的发展模式，是处理经济发展与生态环境保护这对矛盾的重要突破口。只有转变发展思路和发展方向，走绿色发展之路，才能够实现企业的经济发展转型，实现社会主义生态文明建设的目标。

（四）优化区域产业结构

我国的工业企业在国民经济中占有举足轻重的位置，是国民经济的主要推动力。我国是发展中国家，由于工业产业结构调整还未完成，经济发展对自然资源的依赖相对较高，因此必须加快对产业结构的调整，优化我国工业产业结构。

近年来，随着国内外环境的变化，传统产业模式为我国经济发展提供了长久的发展动力，依靠资源拉动经济发展已经不再适应当前的发展形势，产业结构调整势在必行。企业的绿色转型，有利于改变我国经济结构中过度依赖自然资源的结构性问题。从企业的发展来看，通过积极引进绿色的生产技术和专业人才，推动企业绿色转型，对优化企业内部管理结构和生产结构具有重要的作用。

先进的管理模式可以提升企业的整体运营水平和市场竞争力，促进企业的健康发展。放眼到地区来看，通过绿色转型，积极发展高新技术产业和服务业，有利于优化区域产业结构，促进区域经济持续、持协调发展。

（五）有助于实现美丽中国的奋斗目标

绿色是生命的底色，绿色发展是社会主义生态文明建设的重要内容之一。企业进行绿色转型是解决我国当前严峻生态问题的重要举措，通过转型，企业以往粗放式的发展方式和生产方式将得以改变。

绿色技术的更新以及企业管理模式的创新，使资源利用率和利用水平得到有效提高，企业从高能耗、高污染、高排放向低能耗、低污染、低排放的转变过程，也是实现人与自然和谐相处的过程。

第二节　绿色发展是提升绿色金融供给
能力的先行抓手

一、绿色金融政策得到加快推进

（一）绿色信贷和绿色债券是主要方向

中国人民银行、财政部等七部委联合印发的《关于构建绿色金融体系的指导意见》将绿色金融定义为：为支持环境改善、应对气候变化和资源高效利用开展的金融活动，如为节能环保、清洁能源、绿色基建等领域的项目投融资、项目运营、风险管理等活动提供的金融服务。

1. 政策脉络

回顾我国绿色金融的发展历史，主要有以下几个关键节点。2005年，国务院发布了《关于落实科学发展观加强环境保护的决定》，这是我国首个绿色信贷政策，开启了我国绿色金融的新纪元。2012年，中国银监会制定《绿色信贷指引》，从组织管理、政策制度及能力建设、流程管理等方面对银行业金融机构的绿色信贷作出更加明确的引导。同年，银监会制定了绿色信贷统计制度。2015年，国家发展和改革委员会办公厅、银监会和中国人民银行分别或者联合发布的《绿色债券发行指引》《能效信贷指引》以及《绿色债券支持项目目录（2015年版）》。2021年1月，中国人民银行在2021年工作会议中要求落实碳达峰碳中和的重大决策部署。《中华人民共和国国民经济和社会发展第十四个五年规划和2035年远景目标纲要》也提出要实施有利于节能环保和资源综合利用的税收政策，大力发展绿色金融。

2．政策构建

《关于构建绿色金融体系的指导意见》从绿色信贷、证券市场绿色投资（如绿色债券和绿色股票指数等）、绿色发展基金、绿色保险等方面阐述了未来绿色金融发展的政策方向。

第一，绿色信贷以《绿色信贷指引》为顶层设计，初步形成包括分类统计制度、考核评价制度和奖励激励机制在内的政策体系。2012年的《绿色信贷指引》是绿色信贷体系的顶层设计文件，对组织管理、内控管理与信息披露和监督检查等方面作出了安排。在分类统计制度方面，2013年，中国银监会发布的《关于报送绿色信贷统计表的通知》将绿色信贷项目分为绿色农业、绿色林业、工业节能节水等十二类。考核评价制度包括《绿色信贷实施情况关键评价指标》《银行业存款类金融机构绿色信贷业绩评价方案（试行）》《银行业存款类金融机构绿色信贷业绩评价方案（试行）》等核心文件，绿色信贷业绩评价每季度开展一次，定量指标占比80%，定性指标20%，定量指标包括绿色贷款余额占比、绿色贷款余额份额占比、绿色贷款增量占比、绿色贷款余额同比增速、绿色贷款不良率5项。针对信贷主体商业银行，2017年，中国银行业协会出台的《中国银行业绿色银行评价实施方案（试行）》（简称《实施方案》），明确将从组织管理、政策制度能力建设、流程管理等多个方面展开绿色银行评价，《实施方案》的出台，预示着我国绿色银行评价的开启。而根据实施方案，评级结果将会纳入银保监会对银行的监管体系中。在奖励激励机制方面，中国人民银行将绿色贷款作为信贷政策支持再贷款、常备借贷便利（SLF）、中期借贷便利（MLF）等工具的合格信贷资产担保品。

第二，绿色债券政策既包含规范各类债券认定标准和发行流程的要求，也包括绿色债券续存期管理、信息披露等监管规范和激励措施。2015年，中国人民银行年发布的《关于在银行间债券市场发行绿色金融债券有关事宜的公告》明确了绿色金融债券的内涵、发行主体和发行条件。同年，国家发展和改革委员会发布的《绿色债券发行指引》明确了绿色企业债券的范围、审核要求等。2017年的《非金融企业绿色债券融资工具业务指引》提出强化信息披露要求，建立信息披露制度。同年出台的《绿色债券评估认证行为指引（暂行）》成立绿色债券标准委员会，对绿色债券续存期进行评估认证。从整体来看，我国根据不同的债券类别已经逐步形成差异化的发行和监管体系，在绿色债券分类标准方面，除企业债适用《绿色产业指导目录（2019年版）》外，其余均适用《绿色债券支持项目目录（2015年版）》；在募集资金投向方面，金融债和绿色债务融资工具要求100%投向绿色产业，公司债要求70%，企业债为50%；在信息披露方面，金融债要求以季度为频率披露专项账户情况，公司债要求每年披露，企业债则无后续披露要求。

第三，我国对绿色证券指数的政策引导力度不断加大。2016年，《关于构建绿色金融体系的指导意见》提出要研究设立绿色股票指数和发展相关投资产品；《关于开展绿色公司债券试点的通知》对绿色公司债券进行统一标识，并适时与证券指数编制机构合作发布绿色公司债券指数；《中国证监会关于支持绿色债券发展的指导意见》提出要鼓励市场投资机构以绿色指数为基础开发公募、私募基金等绿色金融产品。

第四，我国绿色保险发展遵循政府主导的构建模式，目前已经发布多项绿色保险政策和指引文件。2007年，国家环境保护总局和中国保险监督管理委员会（简称保监会）联合发布《关于环境污染责任保险工作的指导意见》，意味着绿色保险制度开始建立；2017年5月，保监会《化学原料及化学制品制造业责任保险风险评估指引》，是首个环保责任保险金融行业标准；2018年，生态环境部审议并原则通过《环境污染强制责任保险管理办法（草案）》，明确了环境污染责任保险的"强制性"。

第五，我国环境权益交易市场的发展处于初期阶段，碳排放权交易市场逐步建立。环境权益交易市场可以用经济手段达到环境治理目的，实现资源的优化配置。我国环境权益交易市场包括碳排放权、排污权、用能权和水权交易市场，其中，碳排放权市场发展最快，其余仍在试点探索阶段。2016年，国家发展和改革委员会发布《关于切实做好全国碳排放权交易市场启动重点工作的通知》提出，2017年将建立统一的全国碳排放权交易市场；2017年12月，第一批7个试点省市运行3~4个履约周期，在此基础上宣布碳排放交易市场正式启动；2017年12月，国家发展和改革委员会印发了

《全国碳排放交易市场建设方案（发电行业）》，明确了我国碳市场建设的指导思想和主要原则。2019 年 4 月，生态环境部发布《碳排放权交易管理暂行条例（征求意见稿）》，是我国碳排放市场制度建设的重要进展；同年 9 月，生态环境部发布《2019 年发电行业重点排放单位（含自备电厂、热电联产）二氧化碳排放配额分配实施方案（试算版）》，规定了相关行业的具体配额分配方法。2021 年，生态环境部公布《碳排放权交易管理暂行条例（草案修改稿）》，并公开征意见，这是中国官方第三次对国务院层级的碳交易立法公开征求意见，体现了中国建设统一全国碳市场的决心。

（二）绿色信贷规模全球第一，交通和清洁能源投向占比高

目前，我国已形成多层次绿色金融产品和市场体系，绿色信贷和绿色债券发展较快。中国人民银行发布的数据显示，截至 2021 年末，我国本外币绿色贷款余额 15.9 万亿元人民币，同比增长 33%，存量规模居全球第一。2021 年境内绿色债券发行量超过 6000 亿元人民币，同比增长 180%，余额达 1.1 万亿元人民币。

1. 贷款产品逐渐丰富绿色信贷业务

绿色信贷的参与主体主要是银行，当前规模达到 15.9 万亿元人民币。在绿色信贷政策引导下，银行业金融机构不断推动绿色信贷业务的发展，绿色信贷余额稳步上升，截至 2021 年 12 月，我国本外币绿色贷款比上年末高 12.7 个百分点，高于各项贷款增速 21.7 个百分点。2021 年全年增加 3.86 万亿元人民币，其中，投向具有直接和间接碳减排效益项目的贷款分别为 7.3 和 3.36 万亿元人民币，合计占绿色贷款的 67%。绿色信贷主要投向集中在绿色交通、绿色能源以及战略性新兴产业上。从投放行业分布来看，2021 年，中国基础设施绿色升级产业贷款余额为 7.4 万亿元人民币，占绿色贷款余额的 46.54%，占比最大；清洁能源产业贷款余额为 4.21 万亿元人民币，占绿色贷款余额的 26.48%；节能环保产业贷款余额为 1.94 万亿元人民币，占绿色贷款余额的 12.20%。

当前，银行的绿色信贷产品逐渐丰富，质押担保方式不断创新。近年来，银行结合所在地发展特色和产业支持政策，陆续推出创新绿色信贷产品，如中国邮政储蓄银行的"光伏贷"、中国建设银行的"绿色智造贷"、中国农业银行的"油茶贷"等。

（1）银行类信贷业务模式不断涌现。一是发展绿色供应链金融，提

供绿色保理融资。绿色供应链金融是指将绿色理念融入供应链金融全流程，资金专项用于节能环保和可持续发展领域，通过绿色金融和供应链金融的有机融合实现供应链金融的环境保护功能。近几年来，包括兴业、浦发等绿色金融发展领先的机构，在绿色供应链金融领域不断创新，绿色设备、绿色产品买方信贷、保理等绿色供应链金融产品不断涌现。以浦发银行为例，2011 年，浦发银行采用回购型保理融资的方式，发放了国内第一笔国际碳（CDM）保理融资贷款，提供 3000 多万元给云南滇能泗南江水电开发有限公司，预计该公司每年减少二氧化碳排放量 68.3 万吨。目前，该公司已形成包括能效融资（工业和建筑能效）、清洁能源融资、环保金融、碳金融和绿色装备供应链融资在内的五大绿色信贷产品和服务体系。二是发展绿色融资租赁。与传统信贷产品不同的是，融资租赁具有"融资+融物"的双重属性，融资租赁既可以在绿色项目上直接提供资金支持，又可以在相关设备、基础设施上提供必要保障。近几年来，银行同样在绿色融资租赁业务上进行尝试，对光伏、新能源车等领域在项目建设初期给予资金支持，并匹配项目收入现金流特点，设计有针对性的租金回收方案。如中信银行通过旗下中信租赁，聚焦"新能源、新环境、新材料"三"新"领域与产业链内组件厂商、工程总承包施工方、电站的投资运营方等业内龙头企业全部建立合作关系，并加入光伏绿色生态合作组织（PGO），服务协鑫控股有限公司、正泰集团股份有限公司、晶科股份等一大批优质清洁能源企业，项目覆盖内蒙古、河南、新疆等全国 19 个省区市。

（2）投行与直投业务。除上述业务外，银行还在推动绿色投行和绿色产业基金的发展。一方面，在投行业务板块，国内银行机构正在积极推动绿色投行业务的创新，将传统投行的财务咨询服务、标准化债务融资服务、资产证券化服务等方面和绿色理念、绿色标准相结合，形成了围绕绿色经济的"融资+融智"综合服务，为企业的绿色化发展提供咨询服务。在标准化债务融资工具承销业务方面，银行通过银行间市场形成了丰富的绿色债券产品体系，2021 年，参与承销规模超过了 1370 亿元人民币。在绿色资产证券化业务方面，底层资产的范围不断扩展，如绿色能源的收费权、绿色供应链产生的应收账款、租赁物业收费权、政府和社会资本合作项目（PPP）收益权等，银行参与承销的资产支持证券、绿色资产证券化规模快速增长。同时，银行积极探索绿色环境咨询服务和绿色财务顾问服务，如开展绿色项目融资结构设计，通过利用"商行+投行"的模式来满足其资金需求。

另一方面，银行是积极探索设立绿色产业基金的主要机构，近几年来，银行积极通过自有资金或旗下基金子公司，参与投资或设立绿色产业投资基金和 PPP 环保产业基金，按照市场化原则，为环境权益等领域的资产项目提供股权或债权融资。2021 年 9 月 2 日，财政部印发《关于全面推动长江经济带发展财税支持政策的方案》（以下简称《方案》），《方案》明确提出推动长江经济带发展的五大财税支持措施和十七项具体政策，其中，最受瞩目的是首期规模达 885 亿元的"国家绿色发展基金"。国家绿色发展基金是我国生态环境领域的第一只国家级投资基金，是为解决企业融资发展难而设立的。

（3）兴业银行是国内首家履行"赤道原则"的商业银行，在绿色金融的实践上，走在了国内银行的前列。2008 年，兴业银行率先成为我国首个推行"赤道原则"的银行，随后推出国内首笔碳排放权质押贷款、国内首单绿色金融信贷资产支持证券、境内首单绿色金融债等多个创新产品，形成了涵盖绿色融资、绿色租赁、绿色信托、绿色基金、绿色理财、绿色消费等多门类的金融产品体系，拥有较为丰富的绿色金融实践经验。2019 年末，兴业银行提前一年完成 2015 年制定的"两个一万"（绿色金融融资余额突破一万亿元和客户数量突破一万亿户）中期目标，在摩根士丹利资本国际公司的环境、社会和公司治理（MSCI-ECG）评级中从 BBB 级晋升为 A 级。2021 年末，兴业银行绿色金融融资余额达 1.39 万亿元人民币，较期初增长 19.98%；绿色金融客户数达到 3.8 万户。兴业银行绿色金融的领先，主要体现在三个维度：一是内部绿色金融基础设施建设相对完善，二是绿色金融领域的资源支持力度领先，三是提供的绿色金融产品丰富多元。

2. 规模位列全球第二

截至 2020 年末，我国绿色债券累计发行规模超过 1.2 万亿元人民币，规模位列全球第二。这得益于绿色金融政策的加码布局，以绿色债券为主的环境、社会和公司治理（ESG）主题债券在境内快速发展，截至 2021 年 2 月底，符合境内绿色认证标准的绿色债券发行规模累计超过 1.2 万亿元人民币，2016 年以来连续 5 年发行规模超过 2000 亿元人民币，2019 年发行规模达到 3133 亿元人民币。

但是目前绿色债券分类标准与国际主流机构的标准存在一定差异，未来在分类标准方面有望进一步统一。由于，我国所处的经济发展阶段及绿色产业发展与部分发达国家存在差距，因此，在绿色分类方面包含了某些不符合国际标准的项目。截至 2019 年，同时符合气候债券倡议组织（CBI）和我国国内定义的我国绿色债券规模为 313 亿美元，只符合国内绿色定义的绿色债券规模为 245 亿美元，占到绿色债券总规模的 44%，同期的欧美国家发行的绿色债券均符合 CBI 绿色定义。

募集资金主要投向清洁交通、清洁能源、污染防治等领域。从中国人民银行《绿色债券支持项目目录（2015 年）》的定义划分来看，投向清洁交通和清洁能源的占比最高，在 2019 年的募集资金投向中，清洁交通占比达到 26%，清洁能源占比为 27%。从资产支持证券化（ABS）的基础资产类别来看也是如此，2019 年，在我国发行的绿色 ABS 中，以公共交通应收账款为基础资产的 ABS 占比达到 40%，排名第一，风电和太阳能租赁收入达到 15%，新能源电价补贴和电动汽车租赁资产分别达到 8% 和 4%。从境外发行的绿色债券募集资金投向来看，2019 年，共计 15 家中资机构在境外发行绿色债券，发行总规模为 125 亿美元，占我国绿色债券总规模的 22%，其中，低碳交通（35%）和低碳建筑（32%）是资金投放最多的领域。

截至 2021 年 3 月 17 日，在我国存量绿色债券中，2 年内到期的占比达到 52%。由于绿色产业的发展和相关产业的转型是长期任务，需要较长时间的投入和积累，因此，在绿色债券到期后置换需求或有所增长，未来，我国绿色债券的规模或有所增加。

从资产质量来看，绿色债券发行，目前尚无违约案例。第一，我国绿色债券发行期限长，约 90% 发行期限在 3 年以上。第二，我国绿色债券支持环境改善效果显著，据初步测算，每年绿色债券募集资金投向的项目可节约标准煤 5000 万吨左右，相当于减排二氧化碳 1 亿吨以上。

从参与者的角度来看，我国绿色债券市场参与机构日渐多元化。非金融企业 2019 年发行规模增长 54%，占比升至 37%，成为国内绿色债券发行规模最大的发行人，一改此前由金融机构主导的格局。在投资人方面，商业银行是最大的绿色债券购买方，占比超过 50%。2021 年，非金融企业的绿债发行量增长 482%，达到 2011 亿元人民币，占整体中国绿债市场发行量约为 46%。

3. 有较大发展空间

（1）绿色证券数量。债券新发行数量稳步增长，环境主题占比较高；债券指数有较大增长空间。在债券数量方面，自 2005 年起维持平稳增长，截至 2018 年末，共计发行 50 只绿色股票，到 2021 年，有 628 只绿色债券发行。从主题来看，环境主题指数占比近 2/3，ESG 主题占比达到 24%。

（2）绿色保险。环境污染责任保险是目前绿色保险的代表性险种，创新型绿色险种有待开发。据统计，保险资金运用于绿色投资的存量已从 2018 年的 3954 亿元人民币增长至 2020 年的 5615 亿元人民币，年均增长 19.2%，涉及城市轨道交通建设、高铁建设、清洁能源、污水处理、生态农业等多个领域。

2021 年，绿色保险保额超过 25 万亿元，赔付金额达到 240 亿元，涉及交通建设、清洁能源、污水处理等多个领域。风电、光伏等清洁能源具有风险管理的特殊性，若是天气处于长时间的不理想状态，会对风电、光伏企业的业绩产生负面影响，针对上述新的风险管理需求，未来针对特定行业的创新型险种有待进一步探索，目前，全国的绿色保险种类也在不断延伸，农业、畜牧业、绿色建筑、绿色消费等领域均有涉及。

（3）环境权益交易市场缺乏法律基础，交易活跃度有待提升。以我国发展最快的碳排放权交易市场为例，首先，我国《碳排放权交易管理条例（草案修改稿）》还未完成行政法规的立法程序，可能导致相关部门的执行力度不足，企业参与的积极性有限。其次，从各个试点的交易情况来看，交易集中发生在各自的履约月份，在其余时段内交易活跃度低，市场流动性不足。最后，排污权、用能权和水权交易市场的整体建设进展缓慢。

二、欧洲的绿色金融发展最为领先

（一）欧盟注重分类标准和信息披露

绿色金融发端于 20 世纪 70 年代，实施主体从商业银行逐步延伸至更广泛的金融领域，欧洲发展领先全球。1972 年，联合国在瑞典斯德哥尔摩召开了"人类环境大会"，是世界各国政府共同讨论环境问题的开端；1974 年，德国成立了第一家政策性环保银行，专门负责为一般银行不愿接受的环境项目提供优惠贷款，是对绿色金融发展的早期探索；1992 年，联合国环境署联合知名银行在纽约共同发布了《银行业关于环境和可持续发展的声明书》，标志着联合国环境署银行计划（UNEP BI）的正式成立；1995 年，联合国环境署将绿色发展领域拓展至保险业，与瑞士再保险等公司发布《保险业关于环境和可持续发展的声明书》；1997 年，联合国环境署银行计划对声明书的内容进行适当修正，从单一银行业务扩展到一般性金融服务，银行计划更名为金融机构计划（UNEP FII），此后保险计划与金融计划合并统称为金融计划；2003 年，花旗集团、巴克莱银行和荷兰银行等全球主要金融机构参照世界银行下属国际金融公司的可持续发展政策与指南建立了一套信贷准则——赤道原则，推进了绿色信贷的国际化；2007 年，欧洲投资银行发行了世界上首只绿色债券（CAB）。从整体来看，欧洲是绿色金融发展的先行者。

欧盟的可持续金融政策体系以《可持续发展融资行动计划》为指导性

文件，目前已经构建了相对成熟的政策体系。欧盟可持续金融发展进程主要有以下几个重要节点：2015 年，在联合国《巴黎协定》和《2030 年可持续发展议程》的推动下，欧盟就 2030 年气候和能源目标达成一致，欧盟测算为实现这一目标，每年需要填补约 1800 亿欧元的投资缺口，金融领域将起到关键作用；2018 年 3 月，欧盟委员会发布《可持续发展融资行动计划》，制定欧盟委员会的行动计划以及实施时间表，是欧盟可持续金融发展的路线图；2018 年 5 月，欧盟委员会技术专家组（TEG）成立，协助行动计划的推进；2019 年 6 月，欧盟委员会技术专家组连续发布《欧盟可持续金融分类方案》《欧盟绿色债券标准》等报告；2019 年 12 月，欧盟委员会推出《欧洲绿色协议》，搭建了欧洲绿色发展的总框架。

1. 可持续发展的纲领性文件

《欧洲绿色协议》（以下简称《协议》）是可持续发展的纲领性文件，提出 2050 年实现碳中和目标，指明欧盟可持续转型的政策方向。《协议》战略目标是将欧盟转变为一个公平、繁荣的社会，以及富有竞争力的资源节约型现代化经济体，2050 年，欧盟温室气体达到净零排放，并且实现经济增长与资源消耗脱钩。《协议》主要内容分为三部分：一是推进可持续发展转型，具体措施包括设计一套转型政策和将可持续性纳入所有欧盟政策。该部分是《协议》的重点内容，转型政策设计从清洁能源转型，工业、建筑、交通和农业转型方面提出了可持续发展政策的方向。二是推动欧盟成为可持续发展的领导者。具体措施包括与全球伙伴开发全球碳市场，制定贸易政策支持欧盟的生态转型，利用经济地位建立符合欧盟环境和气候目标的全球标准，率先建立财政体系以支持全球可持续性发展等。三是鼓励公众和利益相关者参与政策的制定。

2. 可持续金融发展的实施路线图

2018 年 3 月的《可持续发展融资行动计划》（简称《行动计划》）是欧盟可持续金融发展的综合战略和实施路线图包括三大目标，在可持续活动分类、可持续投资基金、可持续指数等方面作出了规定。

三大目标分别是：

第一，引导资本流向更可持续的经济活动，对应的具体行动包括：建立欧盟可持续活动分类系统；建立可持续金融产品的标准和标签；促进对可持续项目的投资，例如建立一个单一的投资基金；将可持续性纳入投资建议；建立可持续的基准，即可持续指数，以便跟踪和衡量绩效。

第二，将可持续性纳入风险管理体系，对应的具体行动包括：在市场研究和信用评级中融入可持续性；明确机构投资者和资产管理人的职责；将可持续性融入银行和保险公司的审慎要求。

第三，提升透明度和鼓励长期主义，对应的具体行动包括：加强可持续性披露和会计规则的制定；促进可持续的公司治理并减轻资本市场的短期性，例如评估公司制定和披露的可持续发展战略。

3. 分类标准和信息披露规则

欧盟的可持续金融发展政策构建重视绿色金融活动的分类标准和信息披露。实施路线发布后，欧盟委员会技术专家组（TEG）在 2019 年 6 月发布《欧盟可持续金融分类方案》《欧盟绿色债券标准》《气候基准和基准的 ESG 信息披露》等报告，这是对《行动计划》的具体落实。

《欧盟可持续金融分类方案》（简称《分类方案》）是《行动计划》的基础，包括 67 项经济活动的筛选标准，提供具体的方法论和范例。《分类方案》提供了一个有效的分类清单，包含 67 项经济活动的筛选标准，行业分类与欧盟成员国和国际统计框架相兼容，涵盖近乎所有经济领域和经济活动。《分类方案》要求相关经济活动有助于实现六大环境目标：减缓气候变化、适应气候变化、海洋与水资源可持续利用和保护、循环经济、污染预防与治理、保护生态系统。对如何助力六大环境目标设置了三项标准：一是对六大环境目标有实质性贡献；二是对环境目标无重大损害；三是满足最低限度的社会保障。这意味着符合标准的经济活动必须对至少一个环境目标作出重大贡献，并且对其他五个目标没有重大损害。对于每项经济活动，《分类方案》均提供了具体的方法论和范例。

《欧盟绿色债券标准》基于《分类方案》制定了绿色债券的界定标准，主要包括四大核心内容：一是绿色债券的募集资金应被用于以下绿色项目的融资或再融资：绿色项目应至少有助于实现《分类方案》的六大环境目标中的一个、满足"无重大损害原则"以及遵守最低社会保障。二是该标准明确了供发行人使用的绿色债券框架的范围和内容，以便发行人详细说明拟募集资金用途的所有关键方面。三是要求发行人定期发布绿色债券募集资金使用报告和环境影响报告，并在定期报告中尽可能使用定量指标。四是对绿色债券在发行前和发行后进行认证，建议由欧洲证券和市场管理局（ESMA）作为绿色债券授权认证机构。《欧盟绿色债券标准》与国际资本市场协会（ICMA）的《绿色债券原则》基本保持一致。

此外，欧盟重视绿色环境相关的信息披露。在上市公司披露方面，欧盟各国上市公司环境信息披露多采用强制披露为主、自愿披露为辅的方式，并且已形成一套较为完善的上市公司环境信息披露制度，发布了生态环境管理审核规则（EMAS）和环境管理体系 ISO14001。在金融机构的披露方面，从国际上来看，金融稳定理事会（FSB）于 2015 年 12 月成立气候相关财务信息披露工作组（TCFD），TCFD 于 2017 年 6 月发布 TCFD 框架，帮助投资人、贷款人和保险公司等金融机构对气候相关风险和机遇进行评估，以揭示气候因素对金融机构收入、支出以及投融资的影响。欧盟委员会制定了《非财务报告指南》（NFRD），就如何披露气候相关信息为企业提供进一步指导，可持续会计准则委员会（SASB）和气候披露标准委员会（CDSB）在其联合发布的《TCFD 实施指南》中提出将与 TCFD 框架保持一致，并持续对标。

（二）欧美发达国家的绿色金融服务更为多元

（1）绿色债券。全球发行规模超过 8600 亿美元，欧美发达国家绿色金融的发展领先，能源、建筑和交通为主要投向。欧美发达国家市场以直接融资为主的结构直接决定了其绿色金融的发展，更多的是以债券融资的形式体现，绿色债券的发行规模从 2014 年的 370 亿美元上升至 2019 年的 2589 亿美元，截至 2020 年 6 月，全球累计发行绿色债券 8678 亿美元。从分地区看，美国、中国、欧洲地区是全球主要的绿色债券市场，截至 2020 年 6 月，美国累计发行绿色债券达到 1890 亿美元，位列全球第一，其次为中国和法国、德国等欧洲国家。根据气候债券倡议组织市场资讯平台的数据统计，绿色债券发行量持续增长，全球绿色债券市场规模在 2021 年超过 5000 亿美元，市场扩张的趋势持续了十年。从债券募集资金的投向来看，能源、建筑、交通三个领域的投资规模占比超过八成。

海外银行在绿色债券发行过程扮演着中介角色。以汇丰银行为例，汇丰银行在绿色债券领域创下多个行业第一，是全球最大的绿色、社会和可持续发展（GSS）债券市场承销商。汇丰银行于 2015 年首次发行绿色债券，筹集资金 5 亿欧元，2017 年推出的全球首个主权绿色债券帮助波兰融资 7.5 亿欧元，推出首个绿色混合债券为德国和荷兰的可再生能源项目筹集 10 亿欧元，推出首个可持续发展二级债券帮助一家金融机构筹集 3 亿美元。2018 年，汇丰银行促成了世界上第一个符合伊斯兰宗教法的伊斯兰债券。2020 年，汇丰银行帮助德国汉高公司发行世界上第一只用于解决塑料废物的债券。

（2）绿色信贷。2013 年后，全球（除中国外）绿贷年发行规模从 110 亿美元上升至 2019 年的约 800 亿美元。当前，国际上采纳赤道原则的金融机构越来越多。截至 2021 年，全球共有 37 个国家的 116 家金融机构采用赤道原则，包括花旗银行、巴克莱银行、汇丰银行等国际知名银行。

（3）绿色股票指数。当前，全球主要指数公司已经搭建了多套绿色指数，欧美资本市场已经有包括英国富时社会责任指数系列、标准普尔全球清洁能源指数及 MSCIESG 系列在内的多套股票指数。例如，MSCI（摩根斯坦利国际资本公司）的环保产业指数、MSCI 清洁科技指数、MSCI 可持续水资源指数、MSCI 绿色建筑指数等。

（4）绿色基金。国外金融机构大量通过投资基金的模式参与到绿色金融服务中来。多数绿色基金以政府为主导，通过各类银行为企业、个人提供绿色信贷。荷兰银行较早制订绿色基金计划，为企业或个人的绿色温室标签、有机农场等环保项目融资。世界银行成立全球第一只原型碳基金，瑞士、法国等国家也推出了碳基金。美国富国银行的绿色基金主要投资清洁能源行业，集中在风电和太阳能。巴克莱银行推出的全球碳指数基金，是全球第一只跟踪全球减排交易系统中碳信用交易情况的基金。花旗创投基金，主要投资全球替代能源发展市场，用于支持替代能源小微企业的发展。2019 年，汇丰与国际金融公司（IFC）共同启动实体经济绿色投资机会基金（REGIO），结合制造业、农业综合企业、服务业、基础设施和债券发行，吸引发展中经济体的投资。2020 年 5 月，伴随着 7 位私人投资者的加入，汇丰银行与 IFC 合作筹集到 3.86 亿英镑。

（5）绿色保险。海外保险市场相对成熟，创新型绿色保险产品包括绿色建筑保险、天气保险、可再生能源项目保险、碳保险、绿色卫士装修污染责任险等。绿色建筑保险可以对企业建筑开发项目的事前、事中、事后进行阶段性风险保障，开发前有助于项目投融资过程中的增信，开发中发挥风险管理作用，开发后针对保险范畴的损失进行及时补损。天气保险的种类更具多样性，代表性险种以英国的降雨降雪险、日本的台风险、酷暑险等为代表。可再生能源项目保险包括光伏保险和风电保险等，例如，从 2010 年起，欧美发达国家的保险公司如慕尼黑再保险公司和 Power Guard 纷纷开发了各自的 25 年期光伏组件功率保险产品。在碳保险方面目前的服务主要针对的是交付风险，对在碳排放权交易过程中可能发生的价格波动、信用危机、交易危机进行风险规避和担保。绿色卫士装修污染责任险是聚焦绿色建筑的创新型产品，实行全流程风险管控，提供在施工时的污染物评估、完工后的污染物检测、出险后的污染物治理等服务。

（6）环境权益交易市场。国外的碳交易、可再生能源交易市场已初步构建，监管措施推动了一系列新的绿色金融工具和服务的产生，金融机构开始为有需求的企业提供包括风险对冲、税收抵免等金融产品服务，银行在其中也扮演着重要角色。英国于 2002 年成立了全球第一个碳排放权交易市场。

欧盟从 2005 年 1 月开始实施温室气体排放许可交易制度，简称欧盟排放交易体系（EUETS），该计划将超过 12000 个欧洲工业用地（包括一些美国子公司）置于碳限制之下。相比英国，美国通过在国内实行可再生能源投资组合标准（Renewable Portfolio Standard，RPS）制度来控制碳排放问题，RPS 要求电力销售企业在特定时间段内采购或达到一定比例的可再生能源发电量。电力销售企业可通过两种方式完成配额要求，自行生产可再生能源电力，或者从其他可再生能源发电企业购买可再生能源证书（REC）。绿色能源生产者每生产 1 兆瓦时的电力可获得一个 REC 积分，REC 作为衡量可再生能源价值的可转让、可交易的证券，其价格由市场决定。

除了配额制度下的强制市场，美国绿色债券也有自愿市场，近年来，美国绿色证书供应和需求大幅增长，根据美国国家可再生能源实验室（NREL）的报告，2019 年，资源电力市场 780 万客户购买了约 1.64 亿兆瓦时（MWh）的绿色电力，约占美国所有可再生能源销量的 32%。同时，美国政府还设置了生产退税和投资退税，1992 年，美国开始实施生产税收抵扣政策，为可再生能源项目的发电量提供财政补贴。2005 年，美国的《能源政策法案》设立了投资税收抵扣政策，为商业、住宅和公用事业可再生能源发电项目的投资者提供所得税抵免。

三、关注清洁能源、交通和建筑行业

借鉴国外经验，可以对我国绿色金融未来发展有以下三个方面的展望：

第一，绿色金融作为实现碳中和的先行抓手将迎来快速发展。当前政策对于碳中和的引导和布局力度不断加大，金融作为绿色产业发展的重要推动者，有望走在绿色产业发展的前沿，未来，我国绿色金融将迎来快速发展。

第二，绿色金融政策体系建设有望从多方面入手。一是我国绿色金融分类标准有待进一步推进。当前，我国绿色分类标准界定的清晰度和可操作性有待提升，以《绿色产业指导目录（2019 年版）》为例，指导目录仅列出了绿色活动的归类，缺乏如何界定的方法论和量化指标，可操作性不足。二是加强相关主体的环境信息披露。我国目前尚未建立完善的环境信息披露制度，相关利益方披露信息数量不足、质量有限。从上市公司的角度来看，我国主要实行自愿披露制度，2019 年，我国沪深股市上市公司总计 3939 家，已发布相关环境责任报告、社会责任报告及可持续发展报告的有效样本企业共计1006家，占所有上市公司数量的25.5%，仍有7成左右的上市公司未披露相关信息。从金融机构的角度来看，绿色信息披露仍处于起步阶段，上市金融机构披露ESG信息的主要方式是定期发布社会责任报告，披露主体也以商业银行为主，保险、基金、信托类金融机构仍有拓展空间，且当前国内监管机构仅要求银行部分披露绿色信贷，对于碳排放等负面信息的披露不足。2020年12月，中国人民银行行长易纲在新加坡金融科技节上发表演讲时提出，要研究建立强制性金融机构环境信息披露制度。三是多元化的绿色市场建设还有待探索。一方面，当前我国绿色金融产品以绿色信贷和绿色债券为主，绿色证券指数建立也日渐完善，绿色基金的政策构建、绿色保险创新产品可以期待；另一方面，相较于欧美发达国家，我国环境权益交易市场建设尚处于初级阶段，法律法规建设有待完善，市场交易活跃度有待提升。四是鼓励金融机构开展环境气候风险分析，强化低碳投融资的金融激励机制以及加大推进ESG投资力度。当前，中国人民银行绿色金融网络已经为环境和气候风险分析提供了一系列方法和工具，未来有望在国内进行推广。

第三，从国内外的绿色金融募集资金投向来看，清洁能源、交通和建筑等行业获得资金支持的占比最高，上述行业有望最先受益于绿色金融的发展。清洁能源方面重点关注水电、风电、太阳能、核电、氢能、生物质能、地热、海洋能等清洁能源。交通领域重点关注两个方面，一是支持使用新能源、清洁燃料的交通工具，如新能源车；二是推动交通运输提升效率的信息化、智能化建设，如高速公路ETC系统、互联网+物流配送、互联网+公共交通等。建筑行业关注四个方面，一是建筑材料方面的新型建材，如开发新型墙体材料、保温隔热材料、防水密封材料、陶瓷材料、新型化学建材、装饰装修材料；二是建筑物用能系统管理；三是建造时采用的节能型技术、工艺、设备等；四是建造后工业废渣的综合利用。

第三节 绿色发展是应对绿色壁垒的现实需求

适应日益强劲的绿色化浪潮，绿色壁垒的产生有其客观必然性。由于绿色壁垒是根据世界贸易组织（WTO）以及相关国际协议的相关规定而制定的，因此是合理合法的，并成为国际贸易中的真正的壁垒，我们应当大力发展绿色经济以应对绿色壁垒。

一、绿色壁垒的出现具有客观必然性

经过艰难的谈判，我国终于加入 WTO。这是我们期盼已久的事，同时也意味着我们在享受相应权利的同时，必须接受 WTO 的游戏规则的制约。WTO 中有关绿色贸易的规定已经成为发展中国家进入国际市场的最大约束。

促进国际贸易的自由化是 WTO 及其前身关税及贸易总协定（GATT）的宗旨。为了推动贸易自由化的进程，GATT 自产生之日起，就以不断拆除各种壁垒为己任。GATT 是在适应第二次世界大战后各资本主义国家不断拓展国外市场的需要，是为了解决各国已高高筑起的关税和非关税的壁垒而产生的。第二次世界大战后，经济迅速发展的各资本主义国家都要求拓展国外市场，同时，各国也都为了保护国内的市场而高高地筑起关税的和非关税的壁垒，以抵制外国产品的进口。这样做的结果是国际市场上关卡林立，国与国之间的贸易困难重重，各个国家的利益也因此都受到了损害。正是为了解决这样的问题，主要是由发达国家发起，得到 23 个原始缔约国的响应，建立了 GATT，为国际贸易确定了基本的规则和制度。GATT 在它成立之初就拆除了一些关税和非关税壁垒，为国际贸易确定了基本的规则和制度。而在 GATT 的发展过程也是不断拆除各种壁垒、促进贸易自由化和经济全球化的进程。在 GATT 成立后的几十年中，前后经历了八轮的多边谈判，每一次谈判，每一个回合，都拆除了一些阻碍贸易自由化的壁垒。从内容上看，前几轮谈判主要是排除了在商品贸易中的障碍，拆除了非关税壁垒，同时也降低了关税的水平，而乌拉圭回合则主要是排除服务贸易以及跨国投资中的障碍，再次降低了关税的水平。这样，GATT 在其自身的发展过程中，一方面是削弱了非关税的手段对国际贸易的限制，不断拆除非关税的壁垒；另一方面由于大幅度地降低了关税水平，并确立了符合市场经济要求的国际贸易的基本原则，使关税的壁垒作用也大大下降。

这样，GATT 在发展过程中，形成了一系列有利于推进贸易自由化的原则和规定，促进了经济的全球化。而由于大幅度地降低了关税水平，确立了符合市场经济要求的、体现了商品等价交换、有利于实现公平交易的原则，在这种情况下，那些非关税的行政手段和关税的经济手段对在国际贸易的限制就越来越小，这方面的壁垒也越来越少。而在国家存在的情况下，尤其是在南北之间的差距还相当大的情况下，绝对自由化的国际贸易是不可能的，因而取代原来的关税和非关税壁垒的是绿色壁垒，绿色壁垒已经成为当前国际贸易自由化的主要障碍之一。绿色壁垒是当今国际贸易必须面对的壁垒，是 WTO 规则允许的壁垒，是国际贸易中尚未拆除的壁垒。

绿色壁垒的产生有它的客观必然性，国际贸易中的绿色化倾向是各国经济日益发展的绿色化浪潮的必然要求。绿色化潮流正在席卷全球，尤其是发达国家，一方面，随着经济的发展和社会的进步，人们都在追求健康的产品和服务。为满足国内居民的绿色需求，发达国家早已在国内推动绿色生产、绿色营销和绿色消费，实施绿色管理。发达国家有必要，也有能力率先占据绿色化的先机。另一方面，为了保护本国的利益，发达国家也必然要尽可能地高高地筑起绿色的壁垒，制定相关的法律与政策来约束和限制外国的非绿色产品的进口，以免伤害本国国民的利益，当然也包括限制外国的投资，因此，发达国家千方百计地把国内的绿色化的行动推广到国际贸易中去。

为了推进和规范国际贸易中已经出现的"绿色化"倾向，WTO 及其前身 GATT 也在其制定的条款中不断增加了这方面的内容，其他国际组织也相继制定了许多保护环境的文件。这些规定和文件使各国的有关环境保护和促进国际贸易绿色化的法规与政策取得了合法的地位。虽然发展中国家在绿色化浪潮中处于相对劣势的位置上，发达国家的上述行动也是从本国的利益考虑的，但这毕竟是符合世界发展趋势、符合世界人民利益的潮流，也是符合可持续发展要求的潮流，因而这是客观和必然的。

二、发展绿色经济以应对绿色壁垒

绿色壁垒是适应绿色化的浪潮而产生的。虽然，由于各国所处的发展阶段不同，各国的环境状况以及解决环境问题的能力和手段都不相同，但市场是不相信"眼泪"的。如不采取积极的措施以应对绿色壁垒，在国际市场上就只能是寸步难行。目前，各国主要采取以下几种做法。

（1）政府提供绿色补贴，以增强本国产品的竞争能力。由于绿色壁垒是出口产品难以逾越的外部障碍，因此各国都把注意力转向国内，即千方百计"练好内功"。许多国家为了鼓励出口，由政府提供绿色补贴，包括对环保企业及环境治理、绿色技术的政府补贴、低息贷款或无息贷款等，这类补贴不属于非关税壁垒的范围。虽然在 WTO 修改后的补贴与反补贴的有关规则中，已经对非关税壁垒的政府补贴有了更为严格的规定，但这种绿色补贴属于不可申诉的合法的补贴范围，因此，这种方式为越来越多的国家所采用。

（2）推广绿色认证制度。绿色认证包括地区的认证、企业的认证和产品的认证。经国际社会的长期努力，有关认证的标准和范围已经有了明确的规定，也形成了一整套完整的制度。虽然这些制度目前还不具有强制性，但许多国家都自愿推广。因为这些国家认识到，推行绿色认证制度是提升地区、企业竞争力的有效途径，当然也是扩大出口的重要措施。因为绿色制度的标准是国际通用的，打上绿色的标签，就提高了企业的身价，产品的质量有了保证，就等于领到一张绿色通行证，这样的企业和产品就可以在国际市场上畅通无阻，可有效地扩大出口，提高经济效益。

（3）制定较高的绿色标准，并严格执行，以阻止外国商品进口。这里主要是依据国际上的有关规定，制定相关的技术性标准，对进口商品和设备进行市场准入审查。实际上，随着人们对环境的日益关注，一些已经制定标准的国家正不断提高其标准门槛，另一些原来还没有标准的国家又会相继制定标准，因此就会使这一类的技术性标准越来越高，也越来越普及。这对出口国来说，尤其是对发展中国家来说，必将成为其市场准入的极大的限制。不仅商品本身，包括商品的外包装材料，也都必须符合环境保护的要求。实际上，由于环境方面的市场准入标准问题，我国的农产品出口也处于非常困难的境地，如茶叶、水果、粮食、水产品等，能够达到出口要求的并不多，尤其是出口到发达国家就更难了。发达国家对绿色产品的需求很大，尤其是对绿色食品的需求特别大，如英国的绿色食品需求的80%、德国的90%是依靠进口来满足的，这对发展中国家来说是一个很好的机遇，能抓住这一机遇的企业就能得到很好的发展。从"二噁英"事件后，伊利集团等一些绿色乳品生产企业就迅速行动起来，积极进入国际市场，取得很好的效果。

（4）为了保护国内的资源与环境而限制出口。现在，人们越来越认识到生物多样性对生态系统稳定性的重要意义，人们越来越认识到不可再生资源对可持续发展的重要作用，各国对这些产品的出口给予了高度的重视，开始限制这些产品的出口。除了珍稀动植物，近年来，许多国家已经开始限制原木出口，我国也应当采取相应的政策。

第三章 绿色发展及资源经济绿色转型的内部机理

第一节 绿色发展及其理论基础

一、绿色发展

当今世界，绿色发展已经成为一个重要趋势，许多国家把发展绿色产业作为推动经济结构调整的重要举措，突出绿色的理念和内涵。我们每一个人、每一个家庭、每一个单位、每一家公司、每一个政府部门都应该节能减排，推动低碳经济的发展。

绿色发展以人与自然和谐为基本追求，以低碳循环发展为主要原则。绿色发展理念的提出是人类对全球生态环境恶化作出的积极回应，也是人类对人类与自然发展关系认识的一次飞跃。从内涵上看，绿色发展是在资源环境承载力的约束下，以环境价值的加工、发挥和保护为目的一种发展模式。绿色发展是对传统经济发展模式的补充与创新，大致包括以下几点：一是将生态环境纳入地区经济发展的内在要素中；二是在经济发展的过程中，更加注重与环境的和谐，力求实现各种资本抱团发展；三是在经济活动过程和结果中，更加注重价值创造的"绿色化""生态化"。

中国正处在工业化、城市化高速发展的阶段。这一过程需要消耗大量的资源和能源；中国资源总量虽然比较丰富，但人均资源占有量低，水资源、耕地人均拥有量仅分别为世界平均水平的 28%、43%，石油、天然气人均储量不到世界平均水平的 10%。同时，工业废水、废气和固体废弃物排放量保持较高增长，给生态环境造成很大压力。主要江河湖泊水质恶化；水土流失、荒漠化严重；大规模矿产资源的开采造成土地沉陷、水位下降，植被破坏，等等。只有大力发展绿色经济，才能有效突破资源环境瓶颈制约，在经济社会长远发展中占据主动和有利位置。伴随着对传统工业化和城市化模式所存在问题的不断质疑，绿色理念的提出已经有五十多年。这是人类对自身生产、生活方式的反省。

世界主要国家纷纷把新能源、新材料、生物医药、节能环保作为新一轮产业发展的重点，抢占未来经济发展制高点。大力发展绿色经济，可以推动产业结构优化升级，形成新的经济增长点，在国际经济技术竞争中赢得主动。

二、绿色发展的理论基础

当前，将环境和经济联系在一起的是自然资本理论。为了进一步厘清自然资本在绿色发展过程中的重要作用，下面我们就对绿色资本理论的内涵和外缘进行剖析。

（一）自然资本理念

绿色经济要求生态系统与经济系统协同进化，这就对资源的科学利用提出了更高的要求。1994 年，世界银行发布了《扩展衡量财富的手段》的研究报告，该报告指出一个国家的财富应该包括自然资本，并将资本划分为 4 个部分，分别是人造资本、人力资本、自然资本和社会资本。

2002 年，联合国开发计划署提出"让绿色发展成为一种选择"的观点，进一步推动了世界范围内的绿色产业革命。

2008 年，联合国环境规划署倡议各国在经济运行过程中，要侧重绿色发展。

2009 年，以"促进低碳经济，减少二氧化碳的排放"为主题的全球气候变化会议在哥本哈根召开，为各国经济发展指明了方向。多数国家积极响应，并结合绿色经济发展模式，投入大量资本以实施绿色发展。

2011 年，联合国在《迈向绿色经济》的报告中指出，自然资本是人类福祉的贡献者，是贫困家庭生计的提供者，是全新体面工作的来源。

2021 年 2 月，中国国务院发布的《关于加快建立健全绿色低碳循环发展经济体系的指导意见》提出，以节能环保、清洁生产、清洁能源等为重点率先突破，做好与农业、制造业、服务业和信息技术的融合发展，全面带动一二三产业和基础设施绿色升级。到 2035 年，绿色发展内生动力显著增强，绿色产业规模迈上新台阶，重点行业、重点产品能源资源利用效率达到国际先进水平，广泛形成绿色生产生活方式，碳排放达峰后稳中有降，生态环境根本好转，美丽中国建设目标基本实现。

自然资本具备资本的增值性。这就意味着自然资本在向经济系统提供生态服务和资源产品的过程中，能够产生大于投入的（维持人类生存的生态服务价值和参与到生产实践的资源产品价值）的经济和社会价值。自然资本为经济社会系统提供了稳定的价值输出，从而支撑了资源型经济中社会资本和金融资本的正常运行，是资本结构体系的基础和纽带。

（二）自然资本与绿色发展

资源型地区长期依靠大力开发矿产资源来支撑地区经济发展，社会资本、金融资本和人力资本的增值都是以自然资源的开发和损耗为基础的，资源的过度开采和粗放的经济增长方式为资源型地区的发展埋下隐患。由于发展观念和生态观念的滞后，区域生态环境在经济发展过程中一直扮演着公共服务资源的角色，没有得到应有的重视和保护，这也意味着市场主体在依靠自然资源获得利益的同时，没有承担相应的环境成本。表面上，金融资本大势扩张，社会经济繁荣发展，但自然资本的收缩和环境容量的下降意味着地区经济发展基础和可持续发展能力的削弱。绿色发展是一种低污染、可持续发展模式，想要实现绿色发展，就必须改变传统发展理念，实现自然资本和经济资本协同增长。

第二节 资源型经济绿色转型的内部机理

绿色发展谋求人与自然的和谐发展，在操作层面上，不仅需要将生态环境的价值资本化，而且需要进行相应的制度变革。在绿色发展理念下，我们有必要用一种全新的视角对资源型经济环境下的发展理念进行分析。

一、环境与经济增长的政治经济学分析

经济增长意味着资本量的不断积累，资本增值的内在表现是价值量的增加，而价值量增加的前提条件是完整价值链的形成。关于价值的形成，马克思在《资本论》中进行了论述。商品具有价值和使用价值两个基本属性，商品的价值是通过使用价值的让渡来实现的。在整个价值形成过程中，资本只是发生了价值转移，劳动过程才是价值的创造源泉，剩余价值也是在扣除劳动成本后计算的。然而，在整个价值形成过程中，环境一直充当着使用价值的角色，没有作为成本要素被纳入价值体系中来，在价值实现过程结束后也未能得到补偿。为了进一步分析环境在一般价值形成过程中所起的作用，我们将从劳动力价值（V）、

劳动力创造的全部价值（V+M）、不变资本（C）、绿色资本四个方面分析环境在一般价值创造方式中发挥的作用。

（一）环境对劳动力价值的作用机制

劳动力价值由三个方面组成：维持自身生存必需的生活资料价值、延续劳动力所必需的生活资料价值和用以培训适合再生产需要的劳动力价值。我们可以发现，在劳动力价值的组成结构中，环境的改善有助于降低维持劳动力日常生活的费用，进而使资本实现增值。而生态环境在价值形成过程中对劳动力价值的影响机理是：当劳动生产率一定的情况下，生态环境越好，劳动力日常生活维持的费用越低，需要支付的劳动价值就越少，价值增值空间也就越大。

（二）环境对劳动力创造的全部价值的作用机制

劳动力价值不变的情况下，良好的环境有利于提高剩余价值率。劳动创造的全部价值（V+M）包括劳动力价值（V）和新创造的价值（M），在劳动力维持自身费用不变的情况下，价值总量形成值的大小由新创造的价值（M）来决定。劳动创造的新价值是指在价值实现过程中通过劳动形成的新的价值。在此价值的创造过程中，环境主要通过影响价值的创造效率来对整个价值创造过程产生影响。

环境对生产效率的影响分为两种情况：

第一，对环境依赖程度高的价值创造过程，环境越好，生产效率越高，新价值量单位产出程度就越高，这时表现出资本总量的不但增加和再生产规模的扩大。

第二，对环境依赖程度低的价值创造过程，环境的好坏对于生产效率的提高影响较小，此时的环境要素不作为研究影响价值效率的主要因素。

（三）环境对不变资本的作用机制

在不变资本价值一定的情况下，环境优劣对价值总量的大小影响程度很低。不变资本（C）是指在价值创造、形成过程中以商品或者生产资料形态存在的资本，自身没有价值创造的能力，只是在生产过程中，它的价值随着物质形态的改变而转移到新产品中。不变资本价值的大小由社会必要劳动时间决定，其自身所附带的价值量在进入价值创造过程之前已经被确定，环境要素的出现无法使其增加或者减少。因此，环境的介入并不能影响不变资本的价值，进而影响总价值量的变化。

（四）环境对绿色资本的作用机制

绿色资本造就了自然垄断性价值的形成，环境要素的植入有助于其价值维度的增加。绿色资本是指在价值形成过程中，增加一种外伸途径（环保），要求生产资料部门加大在环境保护方面的一种资本投入力度。此处的绿色资本指的是在市场中植入环保产品，并围绕环保产品形成的一个价值增值活动。不同于一般的政府环境管制，环境管制意味着收费（减少价值总量），相当于抽走资本家创造的剩余价值，而绿色资本是在传统的价值创造过程中添加外力，通过增加不变资本（环境）的投入，进而增加生产资料的价值。不同于一般市场化商品，自然环境具有天然垄断性。在商品的价值形成过程中植入绿色要素，显然具有很强的市场竞争力，资本增值方式的简单性必然吸引大量的预付资本注入此领域，并形成新的价值创造方式。显然，该资本的出现意味着在社会总资本之上，再加一个绿色方面的资本，扩大了价值的维度，扩宽了价值创造的方式。

二、资源型经济绿色转型的内在机理研究

资源型经济进行绿色转型，必须更新发展理念，将生态理念融入经济发展的各个环节之中。

（一）科技创新推动绿色转型的内在机理研究

科技创新驱动经济发展的主要逻辑在于通过要素使用效率的提升，使企业保持长久竞争力，提高其可持续发展能力。现有文献大多将生产效率作为衡量要素使用效率的直接指标。生产效率通常被定义为企业生产要素的投入和产出比，是衡量企业可持续发展能力和长期绩效的重要指标，反映了企业的价值增加路径，决定着企业未来的发展。目前，科技创新对经济质量发展的提升路径主要有以下三种：首先，科技创新会创造新的流程、模式，改变资源利用方式，实现全要素生产率和整体效率的提升。其次，科学范式的改变，会对整个产业的技术标准产生显著影响，传统产业基于创新链、创新要素集聚推进升级，从而影响产业内的创新生态。最后，科技创新改变了企业在经营活动中的传统模式和范畴，提升了企业的非技术创新效率，深刻改善了发展质量。

绿色创新对中国企业发展质量的提升具有重要意义：首先，绿色创新是大多行业标准制定的重要考量，企业可通过推动行业标准的升级，抢占

市场先机，倡导绿色消费，推动绿色经济发展；其次，绿色技术创新能够为企业形成"隔离机制"，产生独特的市场竞争力，占领细分市场，保护企业的边际利润；最后，工业转型升级的曲线拐点取决于清洁行业和污染密集行业技术效应的相对大小，因此，绿色创新对产业升级也有重要作用。企业可以通过以上绿色技术创新的三种效应来带动经济的高质量发展。

（二）产业转型升级推动绿色转型的内在机理研究

产业结构升级优化的内涵是逐步实现产业结构的高度化和合理化。高度化是指产业结构通过科技创新、知识资本、机制体制的"赋能"，使产业链本身的资源呈现出价值性、稀缺性、难以替代性、难以模仿性，使得产业链能够持续产生高附加值；合理化是指产业不断升级的目的是寻找一个最优点，在这个点上的产业资源配置的效率和效益都能达到最优。

科技创新在产业升级过程中扮演着催化剂的角色，主要功能聚焦以下两点：首先，企业通过技术创新的累积，知识资本的嫁接、裂变，嵌入效应，实现规模报酬的递增，加上变革性、颠覆性的技术抢占市场，赢取"超额利润"，使产业中的企业资源呈现出珍贵、稀有、不完全模仿、不可替代的特性，从而提升产业结构整体竞争力及其对环境突变的抵抗性；其次，企业通过非技术创新的经验积累和试错匹配，使产业对于资源的宏观把控能力增强，在以价值可持续递增为核心的资源分配理念指导下，使资源配置的效率和效益实现稳定提升。因此，在科技创新的催化作用下，产业结构迅速升级，且升级优化效果显著。

在粗放式经济发展模式下的污染密集型产业对我国环境生态产生了恶劣的影响，绿色创新是这一语境下的又一重要话题。绿色创新通常被定义为通过对制造工艺、生产技术、中间产品和最终产品等环节或整个制造生产系统的优化改善，来消除或减少对环境的破坏。

第四章　绿色经济模式的原则分析
与本质研究

第一节　绿色发展与兴起的世界背景

一、绿色经济和可持续发展

（一）绿色经济的定义和理论框架

关于绿色经济的定义，众说纷纭。作为一种经济形态，绿色经济是以绿色产品和服务为主的经济。相应地，绿色经济的决定性指标是：独立经济体一半以上的产品和服务得到权威的环保认证。这一定义在逻辑上同农业经济、工业经济和服务型经济的定义是一脉相承的。

作为一种经济手段，绿色经济指的是针对关键的环境制约因素（如碳制约），通过调整总需求（即总投资、总消费和政府开支），创建并积累新资本，如清洁的、低碳的、能够提高资源和能源使用效率的人造资本，对人类生活和生存至关重要的自然资本，受到良好教育、掌握现代化清洁技术的、健康的人力资本，以及有利于和谐、包容与公平的社会资本（如社会保障体系）。绿色经济作为一种发展模式，归根到底是要变环境制约为发展动力的。

关于绿色经济的理论，根据目前已经开展的相关工作分析得出，绿色经济理论框架有三个支柱。第一个支柱是"地球边界"理论，即由斯德哥尔摩适应力中心的觉汉·洛克斯特罗姆和澳大利亚国立大学的威尔·斯代芬所领导的地球系统和环境科学家在2009年提出的，并在九个领域给人类划出的"安全操作空间"。我们把这个理论所蕴含的自然生态经济系统的边界"拿"过来，在狭义的经济系统乃至社会经济系统外面加上一个边界，表示经济必须在环境（以及社会经济系统）的制约下运行。第二个支柱是在宏观经济学中扩大了的柯布·道格拉斯生产函数，通俗来说就是国内生产总值（GDP）来自人造资本、自然资本、人力资本和技术资本的组合作用。第三个支柱是在宏观经济中体现出的所谓"需求面"的模型，即在总供给一定的情况下如何通过调整总需求中的投资、消费和政府开支来实现理想的 GDP、就业和价格水平。绿色经济理论要探讨的是：如何针对地球边界的制约，通过总供给和总需求（包括其结构、导向和数量）的改变来创建并积累新一代资本，变制约为契机，拉动经济增长，创造就业机会。

（二）可持续发展的概念

谈绿色经济要先谈可持续发展，这是因为：①绿色经济是以可持续发展所遇到的问题为导向的；②2012 年 6 月在巴西里约热内卢召开的联合国可持续发展大会（简称"里约+20"）确定了绿色经济是实现可持续发展的一个重要工具。会议的相关文件要求联合国对那些对绿色经济感兴趣的国家提供各方面的支持。

1992 年，联合国环境与发展大会（简称"地球峰会"）在里约热内卢召开，在国际政策层面确立了可持续发展的重要地位。这个会议通过的"21 世纪议程"主张"应将可持续发展列为国际社会议程中的优先项目"，并呼吁各国"共同努力，建立促进可持续发展的全球伙伴关系"。在社会经济领域，"21 世纪议程"讨论了如何加速发展中国家可持续发展的国内决策和国际合作，内容涉及消除贫穷、改变消费形态、人口动态与可持续发展能力、保护和增进人类健康、促进人类居住区的可持续发展以及将环境与发展问题纳入决策过程等。"21 世纪议程"涉及的环境保护内容包括保护大气层、统筹规划，以及管理陆地资源的方法、制止砍伐森林和保护生物多样性等多个方面。

（三）可持续发展的进展和挑战

第一次里约热内卢地球峰会之后，国际上推动可持续发展的努力不曾间断，主要的活动包括：千年发展目标、千年生态系统评估、若干多边环境协议以及联合国发展规划署和环境署联合推动的"贫穷－环境倡议"等。2002 年，在为纪念地球峰会 10 周年在南非首都约翰内斯堡召开的可持续发展问题世界首脑会议上，各国政府重申了对可持续发展的承诺，要担负起一项共同的责任，即在地方、国家、区域和全球各层面促进和加强经济发展、社会发展和环境保护这几个领域相互依存、相互增强的可持续发展。

但是，世界在实现可持续发展的过程中所遇到的挑战依然严峻。在环境方面，世界面临着多重危机，包括气候变化、生态系统退化、资源浪费，以及对化学品和垃圾的处理问题等。

可持续发展这个观点已经提出了多年，其进展依然差强人意。就发展中国家来说，可持续发展进展缓慢的原因是：缺少资金、缺少技术和缺少能力。当在国际会议上每次讨论可持续发展相关议题时，这些现实存在的问题毫无例外地被摆在了桌面上。这些问题背后固然有政治原因，但发展中国家相对薄弱的发展能力是无法回避的事实。解决全球环境问题，要遵循"求同存异"的基本原则，发达国家要承担全球环境问题的主要责任。因为按人均算，发达国家的碳排放和资源消耗远远超过发展中国家。发展中国家要消除贫困，需要经济发展空间。在解决环境问题方面，发达国家应向发展中国家提供资金、技术和基础设施建设支持。发达国家的观点是：发展中国家的新兴经济体，虽然人均二氧化碳排放和资源消耗较低，但绝对量在不断攀升，因此，这些经济体应该对全球环境问题的解决担负起相应的责任。

除了国际政治因素，还有一些问题也阻碍了可持续发展的推进。

第一，发达国家的要务是降低社会面的高失业率。近年来，发达国家的经济持续低迷，失业问题更为突出。虽然经济增长并不意味着就业的自然增长，但提高增长仍被看作是解决失业问题的主要方式。新兴经济体面临的挑战是如何在资源环境问题逐渐突出和国际竞争日益激烈的情况下继续保持经济增长。环境问题从根本上说就是发展问题，大多数发展中国家，特别是低收入国家，减贫仍是重中之重，而经济增长是减贫的最主要方式，因此，发达国家"先发展后治理"的传统经济发展模式仍有一定的市场。在多数国家中，经济发展的呼声最高，社会发展次之，而环境保护放在最后。

第二，从推动可持续发展的相关机构来说，以往的研究和宣传往往偏重环境和经济以及环境和社会之间的负面关系。就环境和经济发展状况而言，资源对经济增长的制约和经济活动对环境的影响是双向的。有些组织和专家也在从正面构建环境和经济的关系，比如，20世纪90年代在自然保护组织中比较流行的"保护和发展综合项目"。

第三，在解决环境问题时，许多国家采取的政策往往是被动的、负面的，如下达节能减排指标或征收环境税费等。这些政策本身无可厚非，如运用适当，可以在一定程度上缓解环境问题。比如，2019年韩国政府通过国务会议确定，到2030年将温室气体排放量减少24%的减排计划，还计划普及300万辆电动汽车和85万辆氢动力汽车，将低公害汽车普及数量增加到385万辆。韩国环境部表示，国务会议审核并表决通过了包含以上内容的"第二次气候变化应对基本计划"。为实现这一目标，韩国政府计划在能源（电力、热能）、工业生产、建筑、运输、废弃物、公共、农畜产、山林等八个领域推动温室气体的减排，争取到 2030 年将温室气体排放量从 2017 年的 7.091 亿吨缩减到 5.36 亿吨。但总体来说，这类指令性的政策往往难以激起经济部门决策者的兴趣，对影响环境和社会大局的宏观经济政策产生的作用毕竟还是有限的。

第四，可持续发展的理论缺乏创新。在可持续发展理论研究方面颇具影响的是所谓的"强可持续性"和"弱可持续性"理论。这两者都应用了"自然资本"的概念。前者通常代表了环保学者的主张，要求自然资本总量不得减少，而后者则代表了经济学者的意见（1987 年诺贝尔经济学奖得主罗伯特·索罗被认为是弱可持续性理论的奠基者），只要求资本总量（包括人造资本、自然资本和人力资本）不得减少，也就是主张自然资本的减少可以从其他资本的增加中进行弥补。实际上这是两条比较极端的路线。一方面，在现实生活中，不可能保持自然资本一成不变。如许多低收入国家拥有丰富的矿产资源（即自然资本），但严重缺乏人力资本以及像公路、住房和发电厂这样的人造资本，这些国家用自然资本换取其他资本，不仅必要，也是理所应当的。但另一方面，自然资本是个大概念，其中，有关键和非关键、可再生和不可再生以及可替代和不可替代之分。如可耕地在变成水泥地后，再变回去就难了。可惜强弱可持续性理论在区分不同类型的自然资本并为之划出各自边界或是底线方面没有太大的作为。此外，这一理论关注更多的是保存资本存量，没有探索如何积极地创造并积累新型资本，如清洁资本，通过提高资源和能源的使用效率来带动经济增长。

二、联合国视野下的绿色经济

（一）绿色经济和绿色新政

2019 年 9 月 26 日，联合国贸易和发展会议发布《2019 年贸易和发展报告》（以下简称《报告》）。《报告》提出要为全球绿色新政融资，并充分发挥公共部门的主导作用，为实现联合国 2030 年可持续发展议程提供解决方案。

当前，全球经济复苏乏力，地缘政治争端、贸易摩擦、多边主义体系受到冲击等问题进一步阻碍了经济增长速度。在此背景下，报告提出"全球绿色新政"，认为投资绿色环保领域将成为收入和就业增长的主要来源，有助全球宏观经济复苏，帮助实现更公平的收入分配，也有利于保护环境。《报告》提出了使债务、资本和银行为发展服务并为新政融资的一系列改革措施。"绿色新政将经济增长、环境保护、社会和谐三者结合在一起"。联合国贸易与发展会议经济事务官员王大为表示：根据《报告》，如果全球绿色投资每年增加率达到全球产出的2%（约为1.7万亿美元，这一数字仅相当于各国政府目前补贴化石燃料支出的1/3），就会在全球范围内增加至少1.7亿个就业岗位，并在发展中国家实现更清洁的工业化，使碳排放量实现整体减少的目标。

《报告》强调公共部门在推动全球经济增长中的主导作用。随着经济自由落体式下跌，政府才是问题的真正解决者，《报告》表示，恢复对政府智慧和权力的信心需要成为国际社会的第一要务。

对发展中国家来说，绿色新政也带来了新的发展机遇。与发达国家相比，发展中国家面临较低的转型成本，因此，其可从清洁能源中节省更多可用资源。绿色新政还有利于提高发展中国家的税收能力。对发展中国家而言，一般只有政府才有能力进行公共投资，因此，需要政府提高税收能力，保障财政收入。

（二）绿色经济的概念问题

一般认为，在英文资料中，"绿色经济"的表述最早见于1989年出版的《绿色经济的蓝图》（简称《蓝图》）。《蓝图》是由已故的著名经济学家大卫·皮尔斯与他当时在伦敦环境经济中心任职的同事阿尼尔·马康迪亚和爱德华·巴比埃共同为英国政府所撰写的一份报告。《蓝图》虽然在封面的题目里有"绿色经济"的字样，但全书从头到尾并没有给出绿色经济的定义，它只是指出了环境和经济之间的相互依赖是理解可持续发展这一概念的关键所在。该报告把环境与经济之间的关系总结为"经济影响环境"和"环境影响经济"。根据该报告的观点，环境质量和经济增长的正向关系在劳动力的健康状况以及绿色部门的就业方面得到体现。同时，该报告也承认经济增长和环境质量之间是存在此消彼长的关系的，关键是人们在取舍时要充分认识到环境可能受到影响的那部分价值。报告的结论之一是：问题不在于我们要增长还是不要增长，而是如何增长。报告隐约示意：将环境融入资本的投资当中或许可以解决经济增长和环境保护之间的矛盾。

1991年，英国著名学者迈克尔·贾考伯出版《绿色经济：环境、可持续发展和未来的政治》一书，在书中他用了一个更广的框架来分析环境和经济的关系，他的分析极力避免用"绿色"来代表"环境"。贾考伯用首写字母大写的"绿色"来表示一种意识形态，把研究重点放在了人类同自然界之间的关系上，试图寻求一种具有非物质的、非（人类）中心论的、合作价值观的社会，他用这一分析框架来弥补在环境经济学中新古典主义的缺陷（后者强调用"正统"的估价和价格手段来处理环境问题）。此外，贾考伯对环境政策给社会的公平和贫困所带来的影响也有所思考。

发展绿色经济需要政府通过伸出"看得见的手"来引导市场规律这只"看不见的手"。当然，这么说并不是要否定价格浮动、竞争机制等市场手段在绿色经济发展中的积极作用，而是要将宏观调控与市场调节结合起来。

当联合国环境署在2008年提出绿色经济倡议时并未关注绿色经济的定义问题。环境署执行主任施泰纳最早为该倡议定的题目并非"绿色经济"，而是"宏观经济与环境"，考虑到宣传的效果，才将该倡议更名为"绿色经济"。随着这项倡议的影响不断扩大，国际上关于绿色经济定义的提问接踵而来。为了应对这些问题，环境署给出了关于绿色经济的官方定义：绿色经济是一种在改善人类福祉和社会公平的同时显著降低环境风险和生态稀缺性的经济，而这一宽泛的类似于可持续发展的定义并未使绿色经济的定义问题尘埃落定。

从对绿色经济概念的探讨来看，绿色经济一般被理解为一种同自然环境相匹配的经济体系，是环境友好的、可持续的、公平的经济发展模式。在绿色经济支持者眼里，这些特征应该是加诸任何一个经济体之上的必要条件。绿色经济的这一常规的概念可被理解为"经济发展的绿色化"。里约地球峰会制定了一些绿色经济的标准，如对可再生资源的使用不应超出其再生能力、创造可再生的替代品来弥补非可再生资源的消失、把污染控制在自然界的吸纳功能之内以及保持生态系统的稳定和弹性等。

在对绿色经济概念的界定中，常被忽略的是绿色经济中的新成分，比如，针对绿色产品和绿色服务的投资、消费以及绿色发展带来的就业机会。综合绿色经济的常规概念和新概念，中国国家发展和改革委员会环境资源司对"绿色经济"曾做过精辟的解释："绿色经济"就是经济的绿色化、绿色的产业化。所谓经济的绿色化，就是经济活动要符合环境标准：所谓绿色的产业化，是指要把环保活动转化成经济活动。在这方面，最能体现绿色经济活动的是在中国逐渐兴起的环保产业。

随着对绿色经济概念的讨论在联合国内外的展开，人们也开始越来越关注绿色经济和社会问题之间的关系。在这方面，"绿色经济"可以有两种解读。第一种解读是绿色经济主要是使环保和经济结合起来，而贫困和公平问题可以间接地得到解决。比如，在广大农村推广清洁炉灶，可以改善农村人口特别是女性的健康状况。再比如，解决农村饮用水和卫生条件，也有助于农村人口的健康问题。第二种解读是"绿色"不仅仅只包含环保，还应直接涵盖消除贫困和实现社会公平。联合国在 2011 年 11 月发表的一份题为"为平衡的、具有包容性的绿色经济而努力"的报告中指出,"绿色经济"要使公共政策和投资向四大方面倾斜:清洁技术、生态环境、教育卫生和社会保障,其中的社会保障就是关系到社会公平的一个重要环节。

此外,在国际上讨论绿色经济概念过程中还有一个经常出现的问题,即绿色经济和"绿色增长"这两个概念之间的区别。

在国际上,较早提出"绿色增长"概念的是联合国亚洲及太平洋经济社会委员会。2005 年,该委员会在韩国政府支持下在亚太地区推动绿色增长的发展,把它作为实现可持续发展的区域性战略。该委员会对绿色增长的定义是"强调环境方面可持续的经济进步的增长,用以促进低碳的、具有社会包容性的发展(ESCAP)"。这里有三点需要注意:一是"增长"不等同经济的进步,二是"绿色"代表环境方面的可持续性,三是低碳和社会包容是绿色增长的目标。从本质上讲,这一定义和前面讨论的绿色经济的一般概念相似,即经济增长要服从环境和社会的发展标准。

在联合国环境署提出绿色经济倡议后不久,由于其绿色经济的官方定义和可持续发展的基本概念极为相似,有不少人问两者究竟有何区别。这个问题在 2012 年的"里约+20"会议上基本上得到了解决,会议的成果文件对绿色经济定位是"实现可持续发展的重要工具"。根据这个定义,可持续发展乃是人类发展的具有终极意义的远大目标,绿色经济是实现该目标的一种方法和途径。各国的国情不同,可持续发展的目标也有所差异,绿色经济模式也会发生变化。从全球的角度来说,联合国认为在绿色经济概念下推动可持续发展是使公共和民营资本配合消费模式的改变的一种重要手段。为了促进绿色投资,还需要一系列政策的支持。总的来说,政府可以通过运用规章制度、价格机制以及宣传教育等手段来引导投资向环保方面倾斜。

一些机构和专家对联合国的绿色经济的概念持不同意见。这样的情况在 2012 年 6 月的"里约+20"会议之前尤为突出。比如,ETC 集团在 2011 年 11 月发表了一份题为"谁将掌控绿色经济"的文章。该组织认为:绿色经济就是把他们对化石燃料的依赖转向对生物质的依赖,而掌握高科技的大公司在这方面处于优势,会变得更加强势,造成所谓大规模的"自然商品化"。因此,他们担心,对生物质的追逐将破坏生物多样性,对处于社会边缘、高度依赖生物质为生的人们将会产生不利的影响。即使在联合国内,也有个别专家批评绿色经济给人以太多"错误的期待",因为这一途径根本

"不足以对付气候变化的复杂性"。这两种意见反映了对绿色经济概念理解的偏差。我们在介绍绿色经济定义时讲到，作为一种经济形态，绿色经济指的是以绿色产品和服务为主的经济。作为一种经济手段，它指的是针对关键的环境制约因素，通过调整总投资、总消费和政府开支，创建并积累清洁资本、自然资本、人力资本和社会资本，化环境制约为可持续发展契机。这里不存在鼓励大公司追逐生物质的问题，也从来没有人断言绿色经济就是完全解决气候问题的唯一途径。

在国家层面，发展中国家曾普遍担心发达国家会利用绿色经济的概念来提高其进口产品的环保要求，打着绿色的旗号实施贸易保护主义。发展中国家也担心发达国家会以绿色经济为由在开发援助中更多地附加环保方面的条件，压缩本国经济的发展空间。"里约+20"会议的成果文件明确反对贸易保护主义，并把绿色经济作为各国可以选取的一种工具，这在一定程度上消除了这些顾虑。

（三）国际组织对绿色经济的研究

联合国环境署在2008年发起的绿色经济倡议的一个重要策略是抓住在绿色经济发展中所蕴含的机遇。在研究方面，不仅要在宏观经济层面对绿色投资的优越性予以论证，还要针对如何吸引绿色投资提供建言。

在"里约+20"峰会前后的几年里，在联合国范围内，一般公认的、有影响的绿色经济研究是联合国环境署在2011年11月发表的绿色经济报告。负责"里约+20"会议的前联合国副秘书长沙祖康曾多次提到，环境署的这份报告在"里约+20"会议前后被很多国家所引用。与以往的研究相比，该报告在以下几个方面具有积极的参考价值：①它强调了环境和经济之间的正面关系；②它证明了绿色投资和常规投资相比对宏观经济有更为积极的作用；③它提出了用绿色投资作为融合环境和经济目标的一个主要工具；④它不单纯地讲政策，而是把政策与如何创造条件来支持绿色投资结合起来。

第一，联合国环境署的绿色经济报告关注环境和经济之间的正面关系，它试图证明环保投资有助于实现政府的基本经济目标，即收入增长、就业增长以及贫困的消除。在以往对环境和经济问题的研究中，关注点往往是经济增长如何破坏环境，而环境的恶化又如何反过来制约经济的增长，并没有显著地论及环境和经济之间的正面关系。环境署的绿色经济研究并不是要否定环境和经济之间的负面关系。环境署强调正面关系是要对长期以来人们对环境和经济之间的关系的负面解读做一次矫正，使人们认识到绿色投资是实现环境和经济和谐发展的一种重要手段。

第二，联合国环境署的绿色经济报告用宏观经济分析框架探讨了环境和经济之间的关系，而以往的研究则注重经济发展的微观视野。以往的政策建议通常包括环境估价、全成本定价、改革不良补贴等。虽然一些研究也涉及制度失灵，但主要讨论集中在产权问题和政府的政策实施能力问题上。在与环境相关的宏观经济层面，以往的研究人员主要关注国民账户体系的改革，但这一体系在 GDP 的计算中未考虑自然资本的变化。联合国环境署绿色经济报告则科学评估了宏观经济政策对环境的影响，以及污染和环境退化对宏观经济的影响的双重关系。

第三，联合国环境署的报告把宏观意义上的投资作为主要手段来建立环境与经济之间的正面关系。世界经济发展面临着众多的挑战，其中，投资不足或投资的方向错误是影响世界经济发展的主要原因，比如，资金大多流向化石能源的生产和消费领域。要解决这些问题，需要改变投资理念，如通过合理引导资金流向绿色发展领域来解决因粗放型发展引发的一系列问题。要想解决生态系统退化问题，就需要投资森林、湿地和海洋保护，解决贫穷问题需要投资教育、卫生或人力资本；要想解决经济衰退和高失业率的问题，就需要投资公共工程和职业培训计划等。事实上，投资是一个强大的连接器，它能把看似不同的政策问题捏合在一起。

1991 年，世界资源研究所的杰内特·阿勃拉莫维茨出版了《投资于生物多样性：美国在发展中国家的研究和保护工作》一书。不过，在这份报告中的投资概念是广泛的，指的是美国的一些机构对发展中国家生物多样性有关活动的支出。真正意义上的绿色投资是将资金配置到绿色生产部门。大卫·皮尔斯在 2005 年发表的《为了扶贫而投资环境财富》的报告中，从经济学的角度论述了投资绿色经济与消除贫困的关系。就中国当前的绿色经济发展来看，在绿色投资中加入社会责任和社会和谐建设的内容，在可持续发展和社会和谐思想指导下，以保护资源与环境为核心，承担社会责任，从而促进人与自然和谐发展。

联合国环境署报告提出：投资可再生能源、节能技术、公共交通、废物回收利用、节约用水和有机农业生产等领域具有广阔的前景，并通过建模预测了这种绿色投资在全球层面的影响。这些绿色投资可望产生广泛的经济、社会和环境效益，但这些效益并不总是会狭义地体现在项目投资回报率上。只有这种兼顾生产效益、投资效益和环保效益的投资在整个宏观经济系统内的广泛影响，才能使我们客观认识环境与经济之间的正面关系。

第四，联合国环境署报告把政策的讨论与绿色投资结合起来。对经济和环境进行综合讨论的政策研究很多，大致分为三类：①规章制度和行政法规研究；②经济和"基于市场"的手段建言；③信息工具应用或道义说服。这些政策措施的目的是改变企业和个人的行为，包括投资决策。联合国环境署认为：单纯地讨论政策而不把政策同资金流向结合起来，很难产生实际效果。同资金流向有直接关联的政策主要包括公共投资政策、产业政策、财政政策、贸易政策、外资政策、金融政策等宏观层面的经济类政策。

除了联合国环境署，研究绿色经济的其他主要机构有经济合作与发展组织和世界银行。下面对其主要研究结论做简要介绍。

经济合作与发展组织。在众多国际组织中，经济合作与发展组织对绿色经济进行了大量研究。在经济合作与发展组织发表的各类文件中，最具代表性的是 2011 年的《迈向绿色增长》报告。这份报告勾勒出绿色增长的七大来源：资源市场率的提高、创新、新市场、投资者的信心、稳定的宏观经济环境，特别是财税制度的改善、资源瓶颈的破除，以及对自然系统严重失衡的纠正。在绿色增长的政策框架方面，它强调：①好的经济政策是任何绿色增长战略的核心；②把自然资本作为生产要素，可以减轻对环境的压力；③科技创新，通过可再生资本替代自然资本，使增长同自然资本的消耗脱钩；④运用一系列指标来衡量增长的质量和构成，科学界定绿色经济对人们的财富和福祉的影响；⑤现在采取行动可以避免未来巨大的经济损失；⑥经济决策要有长远观点，因为今日决策下的增长模式会和技术变革相互依托；⑦绿色增长政策要同扶贫目标相结合，包括提供高效的基础设施、提高全民健康水平、提高资源利用率、研发或引进新技术。

世界银行。来自世界银行的主要研究报告，2012 年 5 月"里约+20"会议前夕发表《包容的绿色增长：通往可持续发展的路径》。该报告的主要结论是：

（1）目前的增长模式无法持续且效率很低，因此应该纠正市场制度的失灵，通过改进政府运作，提升经济发展效率；

（2）绿色投资和绿色技术并非发达国家的专利，发展中国家也可以通过改善环境获取经济效益；

（3）绿色经济着眼未来，需要统筹兼顾短期发展和长远目标；

（4）忽视自然资本就如同忽视人力资本和人造资本一样，并非科学的管理方式，对经济的发展具有负面影响。

三、全球绿色经济的主要趋势

（一）可持续发展的多重路径

2013 年 2 月，联合国环境署在肯尼亚的内罗毕召开第二十七届理事会暨全球部长级环境论坛。会上通过了一份由中国政府提出的关于"在可持续发展和消除贫困背景下的绿色经济"的决议，该决议核心内容是认可并鼓励各国开展与绿色经济相关，但不一定用绿色经济来命名的倡议和活动，如生态文明、自然资本核算、生态服务补偿、低碳经济、资源效率以及同地球母亲和谐相处等。该决议要求环境署收集这类不同的倡议、实践和经验，也包括绿色经济本身的活动，在各国之间进行传播。该决议要求各国根据"里约+20"的成果文件来实施绿色经济。随后，中国政府对环境署提供了资金支持，使环境署得以收集并宣传在决议中所提到的一些国家的有关倡议。这方面的工作初步涵盖的内容有中国的生态文明、泰国的"知足经济"、玻利维亚的"良好生活"以及南非的绿色经济等。

应对全球金融危机，将关键的社会经济压力以及全球和本地的环境问题一同放到经济发展的战略中来考虑。绿色经济活动的重点放在了动员本地的知识和技术力量来实施绿色经济。南非的绿色经济概念植根于政府于 2010 年 5 月举办的国家绿色经济峰会，其定义是：可持续发展的一个途径，从根本上解决经济增长、社会保障和自然生态系统之间的相互依存问题。

泰国的"知足经济"：泰国国王普密蓬陛下早在 1974 年就预见到了有必要改变不可持续的做法。在国王的远见卓识下，诞生了"知足经济"的理论，强调把中庸之道作为家庭、社区和国家各阶层压倒一切的行为准则。这一理论被认为是在泰国实现消除贫困和可持续发展的唯一途径。在 1997 年的亚洲金融危机中，这一理念显得尤为重要。在那段期间，泰国不得不制定一些难度较大的政策来重整经济。这一理念已被普遍运用于许多泰国政府的项目中。自 2002 年起，泰国的国家经济社会发展计划把"知足经济"放在了国家发展和管理的核心地位。

（二）国际上支持绿色经济的主要倡议

1. 绿色经济行动伙伴关系

为响应"里约+20"的号召，联合国环境署和国际劳工组织、联合国工业发展组织、联合国培训和研究学院，于 2013 年 2 月在环境署的理事会上宣布建立"绿色经济行动伙伴关系"，共同为有意发展绿色经济的国家提供技术和能力方面的支持。在 2014 年 6 月的联合国环境大会上，联合国发展规划署也加入了这一项目。目前，该项目率先在蒙古国和秘鲁开展有关绿色经济的规划工作。从规划角度来说，首先，环境署建议在国家层面由具体的可持续发展目标来驱动；其次，分析达标所需要的投资规模、部门和地域，包括分析投资转向的问题；最后，考察有哪些政策可以带动绿色投资或加强绿色投资的效果。具体来说，联合国从事绿色经济工作的主要机构建议，国家层面的绿色经济分析分四个部分：①初步研究和目标制定；②投资分析；③配套政策的鉴定；④投资和政策影响评估。当然，除了帮助开展绿色经济政策分析和规划，这一联合国机构间的项目还提供能力建设、政策实施、寻求绿色投资资金等方面的支持。

2. 全球绿色增长机构

2010 年 6 月 16 日，在韩国总统李明博的倡议和支持下成立了全球绿色增长机构，目的是建立一个国际平台以促进实证研究和政策创新，并彰显机遇，推动国家和行业努力实现经济和环境的协调发展。全球绿色增长机构通过在发展中国家政策、行业和研究层面的活动，希望成为连接发达国家和发展中国家、公共和民营部门以及企业家和学者之间的桥梁。该机构总的目标是用其知识、网络和经验为发展中国家提供最佳的技术援助和支持，帮助发展中国家促进和实施各自的绿色增长战略。

全球绿色增长机构最初是作为非营利性的基金会而诞生的。2012 年 6 月在"里约+20"峰会期间该机构和峰会成员国签署了作为国际组织的成立协议，并于当年 10 月正式成为一个政府间组织。

3. 绿色增长知识平台

绿色增长知识平台是一个由超过三十个国际组织、研究机构与智库构成的全球网络，目标是识别在绿色增长中的主要理论与实践方面的知识缺口，并通过促进合作与协调研究来填补这些缺口，同时鼓励广泛的合作和世界级的研究，为企业家和决策者提供绿色经济转型所必要的政策指导以及良好的实践经验、分析工具和数据，为各国的绿色发展提供了有重要的帮助和支持。

绿色增长知识平台建立后不久就吸收了众多不同领域的"知识伙伴"，包括在地方、国家、地区和国际层面所开展的绿色增长和绿色经济活动中十分活跃地处于领先地位的组织。

4. 全球绿色增长论坛

全球绿色增长论坛是 2011 年由丹麦政府与韩国和墨西哥政府推出的年度峰会，它的使命是"探讨并展示如何更好地协调处于领先地位的企业、投资者、关键的公共部门和专家们来有效地驱动市场渗透，发挥长期的包容性绿色增长的潜力"。2012 年，在国家层面，中国、肯尼亚和卡塔尔加入了这一倡议。其他成员有经济合作与发展组织、国家能源机构、联合国全球契约、国际金融公司、全球绿色增长组织、泛美开发银行、世界资源研究所、现代汽车、麦肯锡咨询公司、三星、西门子等。2016 年，该论坛宣布启用新的《食物损失和浪费的核算及报告标准》，以应对日益严峻的食物损失和浪费现象。一个新的用于计算食物损失和浪费的国际标准现已达成。落实新标准将减少消费者和食品工业的经济损失，减轻对自然资源的压力，有助于实现 2030 年可持续发展目标。

全球绿色增长论坛的特色是通过公私部门之间的伙伴关系，共同找出办法并推动这些办法的实施，从而在跨国界和跨部门的层面来改变所谓的游戏规则。具体来讲，该论坛为参与者提供：①同政治经济领导人和专家直接的、但是非正式的接触机会，以便寻求政策和绿色商业方面的机会；②同新兴的以及现有的伙伴关系开展合作的机会，以便在产业、部门和市场的绿色转型方面达到一定的规模和速度；③在发展并推动公私合作方面的先进知识以及从同行那里得到的启发；④在关于绿色转型如何促进新的经济增长和就业方面有更清晰的认识。

（三）绿色经济与可持续发展目标

"里约+20"给绿色经济的定位是"实现可持续发展的一个主要工具"。"里约+20"还有个极重要的成果，那就是各国政府考虑到千年发展目标在 2015 年到期，因此，需要有一套新的目标来引导 2015 年之后的全球发展。2015 年 9 月 25 日，联合国可持续发展峰会在纽约总部召开，正式通过联合国可持续发展目标（SDGs）来指导 2015－2030 年期间的全球发展。

那么绿色经济与可持续发展目标之间有什么关系呢？如果"里约+20"给绿色经济的定位是实现可持续发展的一种工具，那么绿色经济就应该以适合各国国情的可持续发展目标为导向，通过调整总需求这么一个独特的切入点，来促进社会、经济和环境三方面的良性互动，尤其是要化环境制约为可持续发展的新机遇。具体来说，今后一个国家如果要开展绿色经济方面的工作，就可以把适合其可持续发展的目标作为起点，然后考察运用哪些政策来调整总投资、总消费和政府开支，来有效、公平、环保地实现这些目标。在此过程中，应该优先考虑选取的是那些可以在实现可持续发展目标方面一举多得的政策。

举例来说，如果一个低收入国家的优先目标主要包括减贫和减少饥饿，那么或许应该重视对森林、水资源、土壤保护和农业科技方面的投资（这些投资本身可以创造就业和收入），而不应单纯依靠毁林来扩大耕地面积。前者除了有助于实现减贫和减少饥饿目标，还可有利于其他的目标如对生物多样性的保护。

第二节　绿色经济模式的特征厘定与原则分析

一、绿色经济模式的特征厘定

绿色经济这一发展模式具有可持续性、三大效益（经济效益、社会效益和生态效益）的现实统一性和动态性的特征。

（1）绿色经济发展模式具有可持续性的特征。物质资料的生产过程并不是创造物质的过程，只是改变了物质存在形式和过程，生产过程需要耗费自然资源，但自然资源是有限的。如果不加限制地滥用自然资源，就会导致资源的枯竭和环境的恶化，从而影响经济发展。绿色经济不同于传统经济模式，是以资源的节约、环境的改善以及经济与资源、环境的协调发展为核心的，是一种可持续的发展经济模式。

（2）绿色经济发展模式具有三大效益统一性的特征。绿色经济作为一种经济发展模式，追求经济效益是理所当然的，这一点同其他的经济发展模式没有多大区别。区别在于，这个政府是以什么样的代价来获得经济效益的，是追求单一的经济效益，还是同时追求社会、生态效益。绿色经济追求的经济效益并不是以牺牲资源、环境为代价，而是以资源的节约和环境的改善为基本条件，因此，绿色经济所追求的是以社会效益、生态效益为基础的经济效益，是以三种效益内在统一性为内容的。

（3）绿色经济发展模式还具有动态性的特征。一方面，随着社会的发展和进步，人们对生活质量的要求不断提高，对环境的需求日益强烈，对环境质量的要求也越来越高；另一方面，随着科技的进步和人们治理与改善环境问题手段的不断改进，不断推动绿色经济的内容更新与发展，在这样的过程中，使绿色经济以其量的不断积累，从而积聚到质的提升，逐渐向可持续发展的目标靠近。

二、绿色经济模式的原则分析

绿色经济实质上是一种生态经济可持续发展模式，换言之，它是可持续经济发展模式。现代经济发展的实践表明，任何可持续发展经济问题都涉及人口、科技、文化、教育、政治、制度、伦理、心理、资源、环境等领域。因此，在研究创建绿色经济发展模式的过程中，需要明晰绿色经济发展的基本原则，为构建绿色经济发展模式提供理论基础。绿色经济发展模式的本质特征是建立在生态良性循环基础上的生态经济协调可持续发展。经济社会有机、整体、全面、和谐、协调、可持续发展即绿色发展的原则，主要有生态发展优先原则、公平性原则、共同性原则、协调性原则和绩效性原则。

（一）生态发展优先原则

马克思多次声明自己的唯物主义立场，完全承认和坚持自然界对人类优先地位的不可动摇性，明确提出了"外部自然界的优先地位"。马克思主义关于自然界对人类及人类社会优先地位的科学论断，从根本上确定了自然界是人类及人类社会存在的根源性基础。按照马克思将自然作为全部存在的基础与最广义的物质世界来理解，自然界当然是最先的、最基础的存在。因此，就自然与人的关系来看，自然界无疑是人的存在及其一切实践活动的基础与前提。

自然界对人类的优先地位既表现在自然界对人及其意识的先在性上，也表现在人的生存对自然界本质的依赖性上，更突出地表现在人对自然界及其物质的固有规律性的遵循上。而人的目的的每一次实现恰恰都是人遵从了自然及其规律。因此，生态应该也必须优先发展，这是生态发展在人类实践活动中享有优先权的一种内在的、本质的必然趋势和客观过程，是不以人们意志为转移的客观规律。所以，我们完全可以说，生态优先规律不仅是世界系统运行的基本规律，而且是人类处理与自然关系的至高法则。因此，现代人类社会活动就应该首先遵循生态优先规律。

生态发展优先，追求的是人类实践活动及人类经济社会发展不能超越自然界生态环境的承载能力，保护世界系统运行的生态合理性。生态发展优先原则，就是生态经济学强调的"生态合理性优先"原则，包括生态规律优先、生态资本优先和生态效益优先基本原则。生态发展优先原则，是生态经济社会有机整体和谐协调的重要法则。

生态兴则文明兴，生态衰则文明衰。良好的生态环境是人类文明形成和发展的基础和条件。人类文明要想继续向前推进持续发展，就必须要正确认识人与自然的关系，解决好人与自然的矛盾和冲突，并将其置于文明根基的重要地位。在人类文明进程中，什么时候生态被牺牲掉了，生态危机也就出现了。生态危机是人类文明的最大威胁。想要走出生态危机困局，就必须排除经济发展遭遇的阻碍，寻找一条新的发展道路，而这条道路，正是生态文明建设。只有大力推进生态文明建设，不断满足人民群众对生态环境质量的需求，不断夯实经济社会发展的生态基础，才能实现真正意义上的全面小康。

良好的生态环境本身就是生产力，就是发展后劲，就是核心竞争力。蓝天白云、绿水青山是民生之基、民生所向。环境就是民生，青山就是美丽，蓝天就是幸福。我们要像保护眼睛一样保护生态环境，像对待生命一样对待生态环境。

保护生态环境就是保护民生，改善生态环境就是改善民生。良好生态环境是公平的公共资源，是普惠的民生福祉。自 2012 年党的十八大首提"美丽中国"理念以来，习近平总书记在各类场合和讲话中提出了"绿水青山就是金山银山""APEC 蓝"等广为人知的环境保护理念。习近平总书记关于生态问题的一系列重要论述，契合时代发展潮流，回应了人民群众的关切。"小康要全面，生态是关键"正成为全社会的普遍共识。如果说发展经济需要大干快上的"有为"，改善生态则需要彻底转变观念，生态环境内容将是中国未来发展的重要构成。

建设生态文明就是发展生产力。只有夯实生态文明的基石，保护好环境，才能解决生产力可持续发展中处于关键地位的资源要素问题，通过以循环经济的驱动力来打破制约经济社会发展的"瓶颈"。同时，绿色的生产生活方式也在能够有效帮助解决产业结构转型升级问题。习近平总书记多次强调，推进生态建设，既是经济发展方式的转变，又是思想观念的一场深刻变革。山清水秀但贫穷落后不是我们的目标，生活富裕但环境退化也不是我们的目标，只有蓝天白云、青山绿水，才是长远发展的最大本钱。所以，我们必须牢固树立保护生态环境就是保护生产力、改善生态环境就是发展生产力的理念，牢固树立"绿水青山就是金山银山"的生态理念，更加自觉地推动绿色发展循环发展、低碳发展，构建与生态文明相适应的发展方式。这是先导，也是生态文明建设的本质要求。

因此，我们必须遵循生态优先理念，自觉协调经济活动与生态环境发展的关系，把保持生态系统良性循环放在现代经济社会发展的首要地位。一切都应该围绕"生态优先"和改善生态环境而发展，使经济发展建立在生态环境资源的承载力所允许的基础之上。

（二）公平性原则

公平是反映人与人之间相互关系的概念，它包括每个社会成员的人身平等、地位平等、权利平等、机会均等、分配公平。其中，权利平等又包括生存权、发展权等。从社会的角度来看，公平意味着在提高低收入者生活水平的同时也要抑制富人的消费；从生态文明的角度来看，公平意味着不同人群平等参与环境资源开发和保护的决策及行动。公平强调过程和结果的合理性，公正则强调制度、措施的正义性，是对政府决策的监督和约束。在可持续发展经济理论中的公平也包上述两层含义，并强调人类需求和合理欲望的满足是发展的主要目标，同时，在对待人类需求、供给、交换、分配过程中的许多不公平的因素时，可持续发展经济的公平原则归根到底就是人类在分配资源和占有财富上的"时空公平"，人们对这一生存空间中的自然资源和社会财富拥有同等享用权，人们应该拥有同等的生存权。可持续发展中的公平性原则突出体现在国家范围之内同代人的公平、发达国家与不发达国家间的公平、代际间的公平三个方面。可持续发展要求社会从两个方面满足人们的需要，一是提高市场潜力，二是确保每个人都有平等的机会。

可持续发展是一种机会、利益均等的发展。它既包括同代内区际的均衡发展，即一个地区的发展不应以损害其他地区的发展为代价；也包括代际间的均衡发展，即既满足当代人的需要，又不损害后代人的发展能力。从生态文明角度讲，代内的公平正义应该是指同时代的所有人对于开发、利用和保护环境资源享有平等的权利和义务，主要体现为国际公平正义和国内公平正义两个方面。当前，全球性的生态环境危机正威胁着人类的生存和发展，要想解决这一全球性的问题，仅凭一己之力是行不通的，这需要世界各国的通力合作。然而，由于代内之间的权利和责任不对等，致使各国之间、各地区之间分工不明、协作不力、沟通不畅，无法达到和实现全球的可持续、可协调的发展。代际公平强调当代人与后代人在生态资源的利用上要实现动态的平衡。合理的状态应该是对自然资源的使用既满足当代人生存发展的需要，又不会对子孙后代生存与发展构成威胁，同时也为子孙后代留下可供利用的生态资源和发展条件。归根到底是人类在分配资源和占有财富上的"时空公平"，即自然资源如何在不同世代之间的合理配置。种际公平强调人类与大自然之间应该保持一种适度的开发与保护关系，既不能为了人类的利益破坏大自然的生态环境，也不能为了保护自然生态环境而罔顾人类的生存与发展，人与自然环境之间构建一种共生共荣、相互协调、相互包容关系，在能量和物质交换上达到动态平衡，使人类社会能够可持续发展下去。种际公平要求人类敬畏生命，尊重其他物种生存的权利，其基本要求就是保持生物多样性，保护濒危动植物，寻求人与自然的和谐。

然而，当每个社会、每个国家为了其生存和发展制定计划时，很少考虑其行为对其他国家的影响；当代人在发展过程中对地球资源的消耗，很少考虑对后代人的影响。按照现在有些国家消耗地球上资源的速度，留给人类后代的资源将所剩无几。因此，《我们共同的未来》呼吁，要给各国、各地区的人、世世代代的人以平等的发展权。

（三）共同性原则

绿色发展是通过超越文化与历史障碍来看待发展问题的。保护环境、稳定世界人口、缩小贫富差距和消除贫困，这些问题已成为全球可持续发展工作的重心。不同国家、不同社会阶层背负着相同的责任，面临着同样的命运，将这一共识扩大到国际层面，以便尽量确保世界各地可持续发展。虽然各国国情不同，可持续发展的具体模式也会不同，但不约而同地有着的共同利益，那就是在整个世界范围内的人类经济社会的可持续发展。因而实现可持续发展是地球人类的共同责任。

在现实世界中，资源耗竭和环境压力等许多问题产生于经济和政治权利的不平等。生态系统的相互作用不会尊重个体所有制和政治管理权的界限。传统的社会制度承认这种相互依赖的某些方面，并使社区行使对农业方式以及对涉及水、森林和土地的控制。虽然这种控制可能限制技术革新的接受和推广，但其对"共同利益"的控制并不一定妨碍"共同利益"增长和发展。全球性繁荣未必受到日渐减少的自然资源的限制。只要加强国际合作，在全球范围内实现共同的目标、共同的利益就是可以做到的。因此，无论是发达国家还是发展中国家，公平性原则和共同性原则都是共同的，各个国家要想实现可持续发展，就需要适当调整其国内和国际政策，正如在《我们共同的未来》前言中所述，"人们的福利是所有的环境政策和发展政策的最终目标"。只有全人类共同努力，才能将人类的局部利益和整体利益结合起来，才能实现可持续发展的总体目标。

共同性原则反映了世界各国既要致力于达成尊重所有各方的利益，又要保护全球环境与发展体系的国际协定，认识到我们的家园——地球的整体性和相互依存性。

（四）协调性原则

绿色发展系统是由可持续发展生态系统、绿色发展经济系统和绿色发展社会系统组成的，是由人口、资源、环境、经济、社会等要素组成的协同系统。各个子系统之间彼此相互联系、相互制约，共同组成一个整体。当某一个系统临近生态极限时，不平等问题就会变得更加尖锐。因此，绿色发展的关键就是要使经济社会发展与资源利用与环境保护相适应，协调经济社会发与人口、资源、环境之间的关系。为了实现这一目标，需要人类通过不断理性化的行为和规范，协调人类社会经济行为与自然生态的关系，协调经济发展与环境的关系，协调人类的持久生存与资源长期利用的关系，做到经济发展与生态保护的和谐统一，做到经济发展对自然资源的需求和供给能力的和谐统一。

协调性原则实际上就是以绿色发展功能优化要求遵循的关系为原则，即绿色发展系统内在关系的协调，包括人地关系的协调、区际（代内）关系的协调、代际关系的协调；在现实经济活动中，人们通常说的生态恶化和环境污染主要是人地关系不协调，资源禀赋不同导致的贫富分化与地区冲突主要是区际（代内）关系不协调，滥用、浪费从后代那里借用的自然资源和环境资本，主要是指代际关系不协调。贫穷、不公正、环境退化和冲突都是绿色发展的大敌，是不能持续发展的原因。绿色发展旨在促进人类之间以及人与自然之间的和谐，贯彻绿色发展的共同主题需要政府在决策过程中必须将经济和生态结合起来考虑。贫穷、环境退化、冲突等这些不协调问题必须在协调性原则下加以解决。

（五）绩效性原则

由于地球生态系统承载力有限，不可能承受人类对资源能源无限和无节制的开发利用，以及由此而产生的污染排放的无限增长。由此，我们必须削减人类活动对资源或环境的影响。

在传统经济发展模式下，世界各国的经济增长是以牺牲生态环境为代价的。自然生态系统与经济发展不相适应，就会加剧人类生存与生态环境之间的矛盾，就会制约整个社会的发展。如果试图通过降低经济增长率来缓解经济发展与人类生存的生态环境之间的矛盾，或减少对环境的影响是不现实的。绿色增长就要在追求经济增长的同时，不仅不能增加其对环境的影响，而且要将其对环境的影响削减至一定的限度内，或者实现经济增长与其对环境的影响之间的脱钩。要想在追求经济增长的同时降低其对环境的影响，并能协调经济增长与环境可持续性之间的关系，就必须依靠技术创新和提高生态效率或资源环境绩效。绿色发展的核心是提高生态效率或资源环境绩效，而提高资源环境绩效又有赖于绿色创新。

绿色创新或可持续创新作为创新与可持续发展的重要结合点，目前尚未有统一的定义。如果从微观和宏观层面来理解，那么微观层面的绿色创新通常是指企业在一个相当长的时间内，持续不断地推出、实施旨在节能、降耗、减排、改善环境质量的绿色创新项目，并不断实现创新经济效益的过程。而在宏观层面上，绿色创新则指人类社会关注环境—经济—社会协调发展并使之得以实现的创新性活动。绿色创新的本质可能是技术的、组织的、社会的和制度的。因为资源环境绩效更多地受到技术、结构、制度的影响，所以围绕资源环境绩效提高的绿色创新就必然涉及技术创新、结构创新和制度创新。根据《2020 中国可持续发展战略报告：探索迈向碳中和之路》可知，提升资源环境绩效可能有三种路径：一是在短期内，通过研究和创新对已有的方法和途径进行微调以满足需求；二是在中期内（5～20 年）依靠研究和创新对更多的产品和过程进行综合技术改造或重组；三是设计形成一种全新的系统方案，采用与现有模式完全不同的一套技术、制度和社会安排。通过前两种路径来提升资源环境绩效的范围有限，第三种路径暗含着发展方向的改变并且创造了一种新的模式，该途径可对应可持续性创新。

第三节　绿色经济模式与传统经济模式的区别

一、自然观不同

绿色经济与传统经济模式的自然观存在着根本性区别，特别是在对人类和自然与环境关系的认识上，集中体现在对生产力这一基本经济概念的内涵的理解上。传统经济模式中的生产力就是一般教科书上所定义的"是人类征服自然的能力"。而绿色经济模式中的生产力，是以人类与自然和谐共处为基础的共同发展的能力。因为绿色经济将有利于环境改善和资源节约作为经济发展的必要内容，这也就把人与自然的关系纳入了经济学的研究范围，把人们的经济活动置于人类生态系统中，把经济系统作为人类生态系统的子系统来看待。作为子系统，它受大系统的制约，必须与大系统的其他子系统保持和谐的关系，与自然生态系统保持协调的关系。人类的经济活动离不开自然生态系统，一方面是生产必须从自然界汲取各种原料进行加工，另一方面是生产过程及生活的排泄物又必须回到自然界中去。正是在这种生生不息的循环中，形成了人类生态系统的能量流。这种能量的流动有它的规律性，如果人类违背了这一规律，不加节制地从自然界索取，或过量地把排泄物返还给自然界，就将造成资源匮乏、环境恶化等严重后果。虽然破坏人类生态系统内在联系的直接受害者是自然，但最终会影响人类自身的生产和生活的环境。人类自身不能离开自然而存在，社会经济活动也不能离开自然而孤立地发展，人类可以且只有在与自然的和谐共处中才能得到发展。协调就是发展，协调才能发展。

二、对增长源泉的认识不同

绿色经济模式与传统经济模式的区别还表现在其对增长源泉的不同认识上。虽然能量守恒规律是社会经济发展的基本规律，任何社会生产都需要有生产投入，投入是产出的前提，但在不同的经济模式中，生产投入的内涵是会有不同的。在传统经济模式中只有资本品才算生产投入，也就是说投入了从市场上购买来的生产资料和人力，才算是生产投入。除此以外，进入生产过程的其他公共资源，包括自然物质和环境，都不是生产投入，因为生产者并没有为这些资源支付成本。那些存在于自然界，可用于人类社会活动的自然物质或人造自然物资，主要包括自然资源总量、环境自净能力、生态潜力、环境质量、生态系统整体效用等内容，对于社会与经济的可持续发展来说是至关重要的，它们是社会经济发展的必不可少的要素，应该都是生产的要素，是经济增长的源泉。无视生态资本的存在，如果不把生态资本当作生产要素，就会使社会和经济遭到严重的伤害。

而绿色经济就是将对自然资源的节约和环境的改善作为经济发展的必要内容，这就将那些非资本品的自然资源和生态环境也纳入经济发展的"资本"范围内。在不增加投入的情况下增加了产出，就是"生产"了；同样，在取得同量的产出时，减少了投入也是"生产"了；减少了资本品的投入是"生产"

了，减少了非资本品的自然资源与生态环境的投入也是"生产"了。与传统经济模式明显不同，在绿色经济范围中，资本品（物质资本）和自然生态资本都被作为经济发展的重要源泉而纳入生产资本的核算范围内。

三、评价指标不同

绿色经济的评价指标也与传统经济模式相比也有所差别。传统经济模式既然以资本品为生产要素，那么对其微观经济的最主要的评价指标就必然是资本投资效率，而对个别资本总和——社会总资本而言，宏观经济的评价指标也主要是国内生产总值（Gross Domestic Product，GDP）或国民生产总值（Gross National Product，GNP）、总量规模及增长速度等。至于这个总量和规模耗费了多少非资本品，则不加计量和评价。绿色经济则不同，它更关注自然与环境持续发展的需要，强调的是有利于自然环境的经济发展，因而它需要的是一整套全新的评价指标。绿色经济把自然资源与环境纳入经济发展的考核指标内，对于生产过程中消耗的资源、生产过程对环境的影响等状况都进行考核和评价。目前，国际组织和一些国家已经开始实行"绿色账户"，把自然资本也纳入国民经济的核算体系中。特别是在 1992 年联合国环境与发展大会后，越来越多的人认为，自然资本将成为测度一个国家国力的最重要的指标之一。当然，"绿色账户"的全面实施和推广尚需假以时日，而绿色经济的推广与发展则可以从现在做起，将对自然资源的节约以及环境的改善纳入微观经济的考核指标中，为今后逐步实施"绿色账户""绿色会计"打下坚实的思想和方法基础。

四、"人"的假设不同

绿色经济模式的"人"和传统经济模式中的"人"也有不同。传统经济模式中的"人"是"经济人"，把追求经济利益最大化作为其行为的唯一目标。但绿色经济中的"人"则是现代的社会人、自然人，是饱受了环境灾害苦难的个人，是增强了生态意识的个人。同经济人追求经济利益最大化的目标一样，社会人和自然人在追求直接经济利益的同时，也追求社会发展与生态环境质量改善的目标。而且，自工业化以来严重的生态环境灾难使现代人逐渐认识到，人类只有与自然和谐相处，经济与自然资源环境只有协调发展，才能取得长远的整体的经济利益的最大化。

实际上，传统经济模式中的"人"与绿色经济模式中的"人"的区别，反映的是经济学中的有关"人"的理论假定的历史性变化。古典经济学中的"经济人"是追求个人利益最大化的个人；在社会主义政治经济学中则是以"政治人"来取代"经济人"，否定了经济利益原则，并以此为基础建立了不讲经济核算和经济效益、吃"大锅饭"的经济体制。

在绿色经济模式中，传统经济学中的"经济人"的假定需要由社会人和自然人来补充。因为绿色经济是把经济活动和经济系统置于人类的生态系统中，并且是以自然生态系统为基础的。在这样的系统中，人不仅是经济人，而且是社会人和自然人。完整意义上说，人是自然人、经济人和社会人的统一。尤其是不能忘记人首先是自然人，作为自然人，他只是自然生态系统中的一个单元，他的一切活动都不能破坏他所在的系统的结构和功能，破坏了他所在的系统，就是毁了他自己。而作为社会人，他是这一系统中唯一具有思维能力的主体，是系统中唯一有主观意识的生态单元。因此，人是唯一有能力对这一系统、对自然负责的主体，是一个有能力用自己的行为去影响自然环境，并能起积极主动和主导作用的主体。人类可以用自己的有意识的行为来引导自然生态系统向好的方向发展，也可以引导其向坏的方向发展。可见，人类对他们的生活及活动在其中的人类生态系统、对自然界负有不可推卸的责任。绿色经济模式就是人类能够引导自然环境向好的方向发展的现实模式。

第四节　绿色经济模式及其本质分析

现行的工业文明发展模式使自然生态系统濒临崩溃，生态资本迅速减少，严重制约了经济发展。世界各国政府纷纷实施绿色新政，创新绿色发展，使生产方式和消费方式绿色化即生态化。因此，我们必须从工业文明的发展模式中来认识和把握生态文明的绿色发展道路和模式，确立生态文明的绿色发展模式是全球经济绿色创新转型的大趋势。

一、世界主要国家"绿色新政"的绿色化及生态化

伴随着对传统工业化和城市化模式所存在问题的不断质疑，绿色理念的提出已经有 60 多年。这是人类对自身生产、生活方式的反省。但在当时，绿色理念主要集中在污染的末端治理方面。为了同时应对金融危机和经济危机，联合国环境规划署于 2008 年 10 月提出了"全球绿色新政"和发展"绿色经济"的倡议。2008 年 12 月联合国秘书长潘基文在倡导发展"绿色经济"后，美国、欧盟、新兴工业化国家和"金砖五国"先后将新能源、新材料列入技

术研发和经济发展驱动的核心环节，并在推动国民经济的同时实现经济快速复苏和经济结构调整的目标。世界主要经济体实行了不同的"绿色复苏"推进措施，通过重塑和重新关注重要部门的政策、投资和支出，使经济"绿色化"，在复苏经济、增加就业的同时，加速应对气候变化。

美国在经历了资源破坏、环境污染等一系列灾害及能源危机的重创后，特别是在经历 2008 年金融危机的打击后，确立了政府的"绿色新政"。美国"绿色新政"以新能源技术、新能源产业培育和新能源技术推广与应用为核心，全力推动经济增长方式的转变和新经济模式的构建。根据"绿色新政"计划，美国政府将给予新能源技术研发、应用与推广以巨额资金的支持。

英国的"绿色新政"主要体现在绿色能源、绿色生活方式和绿色制造三个方面。按照英国政府的绿色发展计划，在能源方面，大力发展核电、风能、潮汐能等可再生能源，2020 年可再生能源在能源供应中占 15% 的份额，其中，40% 的电力来自绿色能源领域，这既包括对依赖煤炭的火电站进行"绿色改造"，更重要的是发展风电等绿色能源。同时，英国政府拨款32 亿英镑用于住房的节能改造，到 2050 年实现住房"零排放"，对主动推广新节能生活方式的家庭进行补偿。政府支持绿色制造业，研发新的绿色技术。

日本环境省于 2009 年 4 月公布了《绿色革命与社会变革》的政策草案，主要包括四个方面的内容：一是太阳能利用的规模达到世界第一，从 2005 年 10.5% 提高到了 2020 年的 20%，2020 年太阳能发电比 2005 年增长 20 倍。二是在世界上最早实现普及环保汽车，2020 年环保汽车销量占新车销售量的50%。三是推进低碳交通革命，开发出电池式节能路面电车使用技术；开发出减排 30% 的高效率船舶技术；开发出超导磁悬浮使用技术。四是实现资源大国目标。这份政策草案的目的是通过实行削减温室气体排放等措施，强化日本"绿色经济"，提升日本绿色市场规模，增加就业岗位。

从 21 世纪开始，中国就进入了一个新的发展阶段。中国政府首创以人为本、全面协调可持续的科学发展观，倡导绿色发展。"十四五"期间是我国实现碳排放达峰的关键期。对此，《石油和化学工业"十四五"发展指南》指出，行业要加对强碳中和路径的研究，从战略层面重视碳管理，摸清家底，做好碳排放计量统计，加快参与全国碳排放权交易市场建设；从短期、中期、长期 3个层次确立碳中和技术及业务发展重点，为行业碳排放尽早达峰和实现碳中和储备相关技术并开展应用示范。2021 年，在《石油和化学工业"十四五"发展指南》中，明确了今后 5 年行业绿色发展的目标，即要加快实施绿色可持续发展战略，提升行业绿色、低碳和循环经济发展水平。到 2025 年，万元增加值能源消耗、二氧化碳排放量、用水量分别比"十三五"降低 10％；重点行业挥发性有机物排放量下降 30％，固体废物综合利用率达到 80％以上，危险废物安全处置率达到 100％；本质安全度大幅提升，重特大安全生产事故得到有效遏制；并从降低资源能源消耗、深化绿色制造体系建设、落实污染防治行动计划、深入实施责任关怀等 5 个方面做了详细具体的部署。

各国推出的"绿色新政"都是基于各国的国情。尽管各国在发展绿色经济时起始的领域、实现的手段和途径、政策措施等都各有所不同，但其本质、目标、趋势是相同的，都正在加强对绿色经济的引导和扶持，主动推动投资转向"绿色经济"领域。从各国"绿色新政计划"以及执行过程来看，都融入了绿色经济的理念、措施和行动。绿色经济或绿色发展的讨论都是针对可持续发展的不同侧面或是特定时期的任务而展开的，其核心目的都是为突破资源环境承载力的制约，谋求经济增长与资源环境消耗的脱钩，实现经济发展与环境保护的双赢。绿色经济发展是以促进经济活动的全面"绿色化""生态化"为重点内容、以绿色投资为核心、以培养绿色产业为新的经济增长点。绿色经济能够使生态与经济从分离走向有机结合与协调发展，能够不断增加生态资本，力争以更多地依靠生态持续性来取得经济持续性发展，把人类社会的经济活动引入追求经济、社会、生态三大系统、三大目标、三大效益的有机结合上来。因此，我们可以说，绿色经济是生态经济可持续发展的最佳模式，这种全新的现代经济发展模式是实现人们的经济活动从高消耗、高污染、高生态足迹的非持续发展经济到低消耗、低污染、低生态足迹的可持续发展经济的根本转变，使经济发展建立在生态良性循环的基础上，成为绿色经济发展模式的生态本质特征。

二、确立生态文明的绿色经济发展模式是全球经济绿色创新转型的大趋势

从人类社会经济发展的过程来看，一种要素或资源在经济发展中的重要性，并不完全取决于它在生产过程中的实际作用。自然资源和生态环境历来都是人类生存和发展的基础，尤其是在农业经济时代其作用更是重要。但是，在农业经济时代，经济发展和产业规模对生态环境和自然资源的影响不大。传统环境经济学的资源观认为，自然资源的供给与生态环境接受废物的能力是无限的，自然资源和生态环境不是制约经济发展的稀缺要素，

而经济发展相对稀缺的是土地和劳动力。到了工业经济时代，影响经济发展的稀缺要素是物质资本、劳动力和科学技术，而自然资源和生态环境与经济发展的矛盾还未引起人类足够的重视。但是，当经济规模增长到对自然资源的供给和生态环境接纳废物的能力已经明显匮乏的时候，自然资源和生态环境便成为经济发展的稀缺要素，物质资本快速被消耗并逐渐短缺，自然资源和生态环境成为经济发展的重要内生变量和刚性约束条件。只有在人类进入生态文明时代之后，才充分认识到生态环境对现代经济增长的内在决定性作用。人类更加发挥聪明智慧来突破有限的资源环境承载力的制约，谋求经济增长与资源环境消耗的脱钩，实现经济发展与环境保护的双赢，实现人与自然的共赢。

世界各国纷纷追捧绿色经济，一个重要基础就是对过去传统经济发展模式的反思。各国的"绿色新政"长期目标就是逐渐将当前高能耗、高排放的经济发展模式，转变为低能耗、低排放的绿色发展模式。发展绿色经济，短期内可以迅速拉动就业、复苏经济，还能有效调整经济结构，理顺资源环境与经济发展的关系；长期内更有利于经济可持续发展，实现真正意义上的协调、和谐、可持续发展。绿色经济发展本身作为一种新的发展模式，是对传统经济发展模式的变革或创新，在中国语境下，就是万众创新。这种创新往往是全方位的。绿色经济发展需要绿色创新，这是一个人类最大规模的集体创新。国家是全社会绿色创新的引领者，地方成为绿色创新的实践者，企业成为绿色创新的主体，人民是绿色创新的强大动力。绿色创新，主要是指人类社会关注生态—经济—社会协调发展并使之得以实现的创新活动。绿色技术和绿色技术创新能够节约资源、能源，避免、消除或减少环境污染和破坏。节约资源是保护生态环境的根本之策。依靠技术进步与生产方式的改变，使经济发展与资源消耗、污染排放脱钩，使经济在自然生态系统的安全阈值内发展，使人与自然的矛盾冲突趋于缓和，逐渐实现人与自然和谐相处的境界。研究表明，随着科学技术的发展，人类干预和改造自然的能力在时间、空间、规模和强度上都得到延伸和强化，绿色技术的发展有助于提升自然系统中的资源利用效率与环境治理能力。人类通过绿色创新实践活动主动亲近自然，缩小与自然的差距，人类在正确处理经济发展与环境保护中主动反哺自然，从而最终实现人与自然共生共荣。

绿色经济发展是全球经济绿色转型的方向、道路与未来前景，并已经成为决定一个国家发展前景的战略问题。因此，各国都将把绿色经济作为新的增长引擎，谋求确立一种经济社会与自然生态环境协调发展的稳定增长模式。建设生态文明和发展绿色经济是实现社会经济可持续发展的迫切要求，它已成为人们的自觉行动，极大地改变着人们的生产模式和消费模式，把人类的生存与发展带入一个新时期。

第五章　绿色经济发展态势与模式研究

第一节　国际发展态势下的国家模式

　　绿色经济是一种与"三高三低"的"传统经济",即高消耗、高浪费、高污染,低经济效益、低生态效益、低社会效益的经济增长模式截然不同的新型经济形态和发展模式。绿色经济是一种以生态经济为基础,以知识经济为主导,以人类经济社会可持续发展为目的,追求人与自然之间、人与人之间和谐共生、永续共赢的经济形态。绿色经济是普惠式的经济发展模式,追求人与自然的和谐统一。绿色经济起源于 20 世纪 70 年代进入后工业时代的西方发达国家。工业文明为人类创造了灿烂的物质文明与精神文明,但由于其自身先天的机制性和功能性障碍,往往存在着生态盲点,对自然资源与环境进行疯狂地掠夺与破坏,也遭到了大自然的严厉报复和惩罚。这促使人类重新审视自身引以为豪的文明进程,逐步认识到必须对工业文明进行科学地扬弃,向生态文明转型,否则人类将从死亡(区域或局部)走向死亡(全球或整体)。人类的觉醒,打开了绿色思想革命的历史链条,思维的绿色革命引发了经济、政治、社会、文化、技术等各领域的系统性的绿色革命,从各个层面构建着生态文明的绿色经济基础、绿色政治基础、绿色社会基础、绿色文化基础、绿色技术基础,并且逐步形成了绿色经济发展的系统推动力,加速着绿色经济的革命性发展。人类社会在历经农业经济、工业经济和知识经济三次浪潮之后,正在迎来绿色经济的第四次浪潮。

一、国际绿色经济的发展态势

　　随着人类文明形态的演进,全球经济的发展大致经历了三个阶段:一是原始绿色经济阶段,二是工业文明的传统经济阶段,三是"传统经济+绿色经济萌芽发育"阶段。首先,传统经济处于绝对的主体和主导地位,但绿色经济正在逐步产生和发展。其次,出现了"传统经济+绿色经济"的二元结构和绿色经济时代。最后,全球绿色经济的发展,从萌芽到逐步发育,至今经历了两大阶段,即 20 世纪 70 年代到 80 年代的绿色经济萌芽阶段和

20 世纪 90 年代至 21 世纪初的绿色经济发育阶段。

（一）绿色经济发展的历史背景

人类已经经历的农业文明和工业文明及其综合影响，是全球绿色经济兴起的总体背景。

农业文明前期是原始农业，后期进入传统农业。在这一阶段中，农业经济不仅是人类赖以生存的主要生产方式，而且是一种基本不超过大自然承载能力和再生能力的带有一定掠夺性的生产方式。随着人类生产技术水平的提高、人类对自然资源环境利用能力的增长，尤其是人口与需求压力的增加，农业生产方式由原始农业阶段的只取不予、土壤营养平衡完全靠自然植被的自我恢复，发展到传统农业阶段以人力、畜力进行耕作和以有机肥为主要肥料来源。传统农业是一种低级形态的、纯天然的有机农业，技术基础十分落后，人类对生态系统的干预能力较低，生态平衡基本上没有被打破，具有初级的生态合理性。但在几千年的农业文明史中，也存在局部区域的民族对土地、森林、草地等自然资源的不合理利用，以及其人口的增长对环境压力的增大，超出了环境再生能力的极限，从而导致环境退化，甚至出现了因生态原因而导致某些古文明消亡的事例。

继农业文明的原始绿色经济时期以后，1782 年，瓦特发明了世界第一台蒸汽机，工业革命随之产生，一些国家陆续由农业文明进入了工业文明。工业文明加速了科学技术和生产力的发展，推进了科学技术工业化进程，创造了巨大的物质文明与技术文明，但人类为此付出了巨大而惨痛的生态代价、生命代价和发展代价。在消费方面，物质主义、享乐主义、消费主义在发达国家盛行，加剧了人与自然之间的矛盾与冲突。从 20 世纪 50 年代到 60 年代，发达国家的环境问题达到了顶峰，世界知名的公害事件和生态灾难举不胜举。这一阶段的经济工业化、黑色化现象，以及自然资源环境危机问题，主要发生在发达国家和地区，发展中国家和地区基本上还处在农业文明的原始绿色经济阶段。随着全球性生态危机的日益加剧，人类开始觉醒，绿色经济开始萌芽、发育和逐步发展起来。

（二）绿色经济的发展历程

绿色经济的产生和发展可以分为两个阶段。

第一阶段，主要是思想觉醒和绿色理论的形成，以及环境保护、清洁生产等绿色行动的分散展开时期。此间出现了传统经济模式在发达国家逐步减少、在发展中国家和地区则急速增多的"两极分化"现象，但在总体上全球传统经济的"黑色"现象加重。

绿色经济思想和实践起源于西方发达国家，并逐步向发展中国家拓展，呈现全球化趋势。1962年，卡尔森的《寂静的春天》一书，开启了生态文明和绿色经济的新时代。从此，环境保护开始被提上了人类发展的议事日程，发展必须顾及环境问题的思维逐步走进了全球政治、经济议程的中心，书中提到的"可持续性"一词，逐渐成为流行概念。1968年，罗马俱乐部成立。1972年，是人类绿色反思的标志性年份，罗马俱乐部发表了震惊世界的《增长的极限》，其被奉为"绿色行动"的"圣经"。同年，联合国人类环境会议在斯德哥尔摩举行，联合国环境署（UNEP）成立。在经过了"有机增长""全面发展""同步发展""协调发展"等一系列概念观念的演变之后，"可持续发展"从民间机构的追求成为联合国的官方主张。20世纪80年代初，美国出版《公元2000年的地球》与《建设一个可持续发展的社会》。1983年11月，联合国成立世界环境与发展委员会（WECD）。经过4年的研究与论证，WECD于1987年提交了《我们共同的未来》，"可持续发展"的概念被正式提出并得到广泛使用。

此间，世界各国的经济学家们也进行了深刻反思，得出了一些重要结论，这包括认识到发展是一个经济社会各个方面的全面进步的过程，它包括人的身体、技能和智能等素质的提高，适度的失业率，收入和发展差距的控制，逐步健全的社会保障，生态环境的保护和改善等，而不仅仅是GDP的增长。这些结论重新重视农业的发展，认为损害和忽视农业的发展会导致工业化进程条件恶化；提出经济发展的人力资本推动理论，认为经济持久和节约资源的发展决定于知识和技术的进步，进而关键举措是要加大对教育等人力投资力度。生态环境学家和发展经济学家总结第二次世界大战后发展在损害生态环境方面的教训后，提出了可持续和安全的发展理论。至此，从民间到官方的绿色反思达到了全新的历史高度，一种新的发展观、一个新的发展模式逐渐成形，绿色经济在理论和政策层面得到广泛的认可。

与绿色反思相对应，绿色经济实践也从环保和产业改造层面开始推进。全球性的环境保护和世界性的绿色经济发展，是从1972年在瑞典斯德哥尔摩召开的联合国人类环境会议后开始启动的。这次会议是人类有史以来第一次国际性的环境大会，从此环境问题和绿色经济才被真正开始纳入世界各国的议程之中。从20世纪60年代开始，尤其是进入70年代以后，发达国家的环境保护运动进入了一个被称为"环境革命"开始的年代。环境保护运动日益全民化、普及化；国家环境立法日益完善；污染治理力度日益加大，环境保护投资力度加大，并由污染治理向污染防治转化，推行清洁生产和循环经济，使一些发达国家传统经济的"黑色"现象减少，生态环境状况得到较大改善。20世纪70年代兴起于欧共体的清洁生产是一种全新的、创造性的发展战略，它借助各种相关理论和技术，在产品的整个生命周期的各个环节采取"预防"措施，通过将生产技术、生产过程、经营管理及产品等方面与物流、能量、信息等要素有机结合起来，优化运行方式，从而实现对环境最小的影响，最少的资源、能源使用，最佳的管理模式以及最优化的经济增长水平。清洁生产从根源上杜绝或最大限度地降低了污染源的产生，是一种环境友好型产业模式，其环境风险小和生态成本较低。清洁生产的产生使治理污染方式由末端治理转向预防为主和综合治理。但清洁生产没有实现不同产品的生产过程、不同产业部门之间以及自然生态系统之间的生态耦合和资源共享。

第二阶段，可持续发展全球战略的形成，知识经济成为西方发达国家经济主导，循环经济初步展开。

可持续发展全球战略的形成。标志性事件是1992年在巴西的里约热内卢举行的联合国环境与发展大会，标志着环境保护和绿色经济进入了全球化的发展阶段。此次"地球首脑会议"是一次规模空前的国际性会议，有183个国家代表团、33个政府组织的代表、70个国际组织的代表、102位国家元首和政府首脑参加了会议。这次会议通过了《里约环境与发展宣言》(又称为《地球宪章》)和《21世纪议程》两个纲领性的文件，提出并确立了全球可持续发展的总方向，号召各国政府和人民开辟多种新的合作层面。在这次会议上，可持续发展得到了全世界不同国情、不同发展水平、不同文化背景国家的普遍认同，成为全体会议代表的共识。《21世纪议程》则要求各国制定和组织实施相应的可持续发展战略，极大地推进了各个国家可持续发展的进程，加强了各国之间的国际合作。环境保护与绿色经济发展则成为各国实现可持续发展的两个轮子，缺一不可。同时，在可持续发展理论的影响下，联合国开发计划署从1990年开始，每年发表一份不同主题的《人类发展报告》。《1994年人类发展报告》对这一以人为中心的发展观作出了更为明确的表述：人类带着潜在的能力来到这个世界上，发展的目的就在于创造出一种环境，在这一环境中，所有的人都能施展他们的能力，不仅为这一代，而且为下一代提供发展机会。知识经济是继工业经济之后的一种新经济形态，显示出远比工业经济更节约资源、更少污染、更高效益、更接近可持续发展和绿色经济的特征。因此，知识经济并不是严格意义上的绿色经济，但却构成了绿色经济的直接基础和最相近的起点。西方发达国家和一些中等收入国家在20世纪70年代到80年代进入了后工业化社会，开始了以信息化和知识经济为特征的产业革命，其代表就是20世纪90年代美国新经济的持续发展和八九十年代席卷全球的信息化浪潮。此间，电子计算机等微电子技术、信息技术、空间技术、生物工程、节能降耗技术、新能源新材料等高新技术得到了飞速发展。尤其是信息技术的快速发展正在加速产业结构调整和社会的全面变革，信息生产和信息消费的增长，逐步成为经济进一步发展的主要动力。由新科技革命引发了新产业革命，信息产业、生物工程产业、纳米产业、新能源产业、新材料产业、环保产业、太空产业等新兴产业不断崛起。这种产业结构的调整转型与优化升级，加速了产业的知识化、生态化及其相互协调和融合发展，进而推动着现代经济的知识化和生态化。知识经济对绿色经济发展的重大历史作用不断显现出来。

20世纪80年代末至90年代初，北欧、北美的发达国家在清洁生产的基础上开始推行一种新型的产业模式，即循环经济。发达国家在逐步解决了工业污染和部分生活型污染问题后，由后工业化或消费型社会结构变化而产生大量废弃物，逐渐成为影响其环境保护和可持续发展的重要问题。在这一背景下，西方发达国家产生了以提高生态效率和废弃物的减量化、再利用及资源化（3R原则）为核心的循环经济理念与实践。循环经济是以产品清洁生产、资源循环利用和废弃物高效回收为特征的高级生态经济或高级绿色经济形态。循环经济通过模拟自然系统中"生产者—消费者—分解者"的循环途径，以生态规律为指导，重构经济系统，将经济活动组织成为"资源利用—绿色生产—资源再生"的封闭式循环流程，实现物质和能量在循环中的多次或永续利用。在循环体系中，不存在"废弃物"，因为系统内的不同企业间形成了资源共享和副产品互换的产业共生组合，一个企业的"废弃物"同时也是另一个企业的原料，实现对废弃物的综合利用。循环经济实现了生态系统与经济系统的和谐共生；实现了资源投入最小化、废物利用最大化、污染排放最小化（即减量化、再利用、资源化的"3R"原则）；实现了生态效益、经济效益和社会效益的有机统一。循环经济是发展绿色经济的最优产业组织模式，是实施可持续发展战略的重要途径和有效方式。

近年来，循环经济在西方发达国家已经逐渐成为一股新的经济潮流和趋势。发达国家的循环经济首先是从解决消费领域的废弃物问题入手，并向生产领域延伸，最终旨在改变"大量生产、大量消费、大量废弃物"的社会经济发展模式。丹麦是循环经济的先行者，德国明确提出发展循环经济，日本则要建立"循环型社会"。其他发达国家虽没有循环经济的说法，但废弃物减量化、再利用及再循环是其目前环境保护和可持续发展实践的一个重点。美国早在 1976 年就颁布实施了《资源保护回收法》，目前，已有半数以上的州制定了不同形式的再生循环法规。法国、英国、比利时和澳大利亚等发达国家在 20 世纪 90 年代相继颁布和实施了有关废弃物减量化、再利用和安全处置的法律。丹麦通过实施《废弃物处理和回收法》(1990 年)，2002 年的废弃物再利用率提高到 65%。循环经济不仅得到了发达国家政府的推动，而且得到了企业界的积极响应。西方许多企业在微观层次上运用循环经济的思想进行了有益的探索，形成了一些良好的运行模式。

该阶段是传统经济向绿色经济转变、不可持续发展向可持续发展转变过程中承前启后的重要转型期。传统经济正加速向绿色经济转型，绿色经济则呈现出加速上升态势。绿色经济的产业模式则由清洁生产向循环经济转化，产业流程由直线型向循环型进化。

（三）全球绿色经济的发展现状

当前，全球绿色经济正处于发育阶段的初期，发展状况有喜有忧，虽然在五个方面取得了实质性进展，但存在着三大制约因素。

1. 五大进展

（1）绿色经济以较快速度增长，经济链条系统性"绿化"。①绿色经济快速增长。例如，绿色产业中的有机食品业，其增长速度远快于其他非有机食品、绿色食品。据国际贸易中心研究指出，在美国有机食品市场最早出现高速增长，并成为全球最大的有机食品市场；欧洲、日本的有机食品销售数量也一路攀升。②绿色经济链条的系统化延伸。绿色经济增长不仅表现在绿色产品的增长上，而且表现在绿色投资、绿色设计、绿色产品、绿色管理、绿色包装、绿色认证、绿色标志、绿色营销、绿色壁垒和绿色消费等整个经济链条系统的"绿化"在逐步形成和发展。

（2）可再生清洁能源（太阳能、风能、氢能等）的开发和应用取得较大进展。大量石化能源的消耗造成了严重的环境污染，导致生态环境被破坏，严重制约着人类社会、经济活动的发展。面对资源耗竭、环境污染的双重压力，世界上许多国家（尤其是发达国家）十分注重对以风能、太阳能等可再生清洁能源为引擎的绿色电力的开发利用。

当前，西方发达国家对太阳能、风能等清洁能源的开发利用已取得较大进展。1980年，美国第一架太阳能飞机上天；2002年，美国10辆太阳能汽车以平均时速56公里，无声开动。近年来，风能是世界上发展最快的能源。正如美国地球政策研究所莱斯特·布朗博士所说，一个国家若其风电跨过100兆瓦这一门槛，其风电发展速度就会显著加快。

可再生清洁能源发展潜力巨大。国际能源机构的研究资料表明，在大力鼓励可再生能源进入能源市场的条件下，2020年，新的可再生能源（即不包括传统生物质能和大水电）占全球能源消费的20%，可再生能源总的比例是占30%。此外，根据美国能源部和美国斯坦福大学最近完成的一份报告认为，仅依赖现有的技术条件和美国几个州的风力，就可以满足美国全国的能源需要。欧洲能源委员会最近也完成了一份报告说，北美大平原、中国西北、东西伯利亚、阿根廷北部地区的风力，加上各大洋沿海主要城市的风力，可以完全满足全球能源需要。

（3）循环经济的广泛兴起与发展。近年来，循环经济在世界各国，尤其是在西方发达国家获得了长足发展，掀起了一场声势浩大的生态化绿色产业革命，是各国为实现可持续发展展开的重要产业实践模式。各国在实践领域实现了物质和能量在循环中的多次利用、生态环境不断改善、经济良性增长的战略目标，实现了经济、社会和环境效益的统一。发达国家工业企业在当前的技术经济水平下，环境保护从源头到末端的全过程控制措施基本到位。随着各国循环经济发展的广泛推进，当前经济形态正逐步向循环经济转型，这将是以市场规律为主导的"黑色"工业，向以生态规律、市场规律共同主导的绿色工业的大转变，是一次里程碑式的产业革命的扩展和深化。但至今为止，各个国家都只是正在或将要在某些领域进行产业重构，推进循环经济发展，没有一个国家成功构筑起以重建碳循环平衡、稳定人口增长、防止地下水位下降、保护森林和土壤、维持生物多样性等为目标的生态型循环经济。这有待于区域与全球范围内各国的进一步协作。

（4）人类环保意识和绿色理念日益增强，环境法律法规不断完善。①环保意识和绿色理念增强。非政府组织（NGO）的发展水平是评定人类环保意识高低的一面镜子。②国际和各国的环境法律、法规与政策等日益完善，对破坏生态环境的行为构成极大的制约力量，推进了全球绿色经济的健康快速增长。国际规则如《斯德哥尔摩行动宣言》《我们共同的未来》《里约宣言》《21世纪议程》等，国际公约如《巴塞尔公约》《生物多样性公约》

《核安全公约》《濒危野生动植物种国际贸易公约》《京都议定书》等，以及国际上签订了为数众多的双边和多边环保协定，组成了国际环境保护的法律制度体系，并促进了全球环境保护合作。目前，我国已签署和批准了30多项国际环境公约，履约任务繁重。世界各国国内与环境相关的法律、法规与政策等也相继出台并正在得到不断完善和落实。

（5）发达国家的生态环境状况得到了较大改善。在经济发展过程中，环境支持能力的变化可以分为三个阶段：第一阶段是传统增长阶段，环境支持系统的压力持续加大；第二阶段是大力补救阶段，环境负荷开始减速增长，一直达到区域环境承载力的最大压力，其后逐步下降；第三阶段是环境质量逐渐变好。这就是世界公认的"环境库茨涅兹曲线"（EKC）。现在发达国家进入了环境变化的第三阶段，环境质量正在好转。

自20世纪50年代到60年代发达国家踏上了环境保护和污染治理的道路，并取得了举世瞩目的成绩。各种污染物的排放量不断下降，自然环境不断好转。如法国自1965年以来的大规模兴建林业生态工程，使森林覆盖率达到了27%；德国大规模造林，使森林覆盖率达到30%，基本消除了水患；韩国连续实施了"治山绿化"十年计划和"山林资源化计划"，其森林覆盖率达64%。但北美、欧洲的自然环境已失去了大自然原有的韵味，遭到破坏的生态系统并没有完全恢复，基本上已经不存在真正的原始森林和大型陆地野生动物。

2. 三大制约因素

（1）全球生态环境继续恶化，生态危机日益严重。人类赖以生存的生态环境的恶化，直接影响和制约着人类经济、社会的生存与发展。为阻止生态环境的进一步恶化，人类在环境保护与治理、在人与自然关系调整等方面做了很大的努力。但是，人类应该做的与正在做的之间还存在较大的差距，还需要各国政府和国民做出全方位的更大努力。

（2）世界各地绿色经济发展不均衡，呈现出五种主要类型的分化，影响着人类可持续发展。一是环境分化。主要特征是一些地区的生态环境比较稳定并得到不断改善，如欧洲和北美；而另一些地区的生态环境则不断退化，主要是发展中国家。二是政策分化。主要特征呈现在以下截然不同的方面：在一些地区政策的制定和实施都非常有力度，而在其他地区，政策的制定和实施难度都非常大。三是脆弱性鸿沟。由于国家间、地区间的社会分化越来越大，发达国家与发展中国家因对环境保护理解不同造成的差距越来越大。四是生活方式分化。贫困和过度消费这两大人类社会问题，给环境带来了非常严峻的压力。生活方式分化的特点，一方面是占世界人口20%的最富人群，占据了私人消费总开支的86%，世界能源消费的58%，肉类和鱼肉消费的45%，并拥有87%的汽车。相反，全球最穷的20%人口只消费了这些商品和服务的 5%甚至不到。发达国家人口占世界的 20%，但所消耗燃料约占世界的 80%，用于工业所需而又破坏臭氧层的氟利昂占世界总量的 96%。五是绿色经济发展水平分化。主要特征是有些国家绿色经济发展水平相对较高、速度较快，如一些发达国家；有些国家绿色经济发展水平低、速度非常慢，如绝大多数发展中国家。为了确保人类可持续发展的成功，必须在全球范围内减少这五种分化的程度。其中，最重要的是缓解世界上穷人的贫困、减少富人的过度消费、减轻发展中国家的债务负担等问题。发达国家在缩小贫富差距方面拥有更大的能力、负有更大的责任。

（3）"生态殖民主义"加剧了发展中国家的生态危机，使人类可持续发展受到严重挑战。少数发达国家和跨国公司，不顾全球生态环境的恶化，无视发展中国家和地区的利益，推行"生态殖民主义"政策，将工业污染从发达国家转移到发展中国家。其污染转移主要有两种形式：一是发达国家将重污染工业转移到发展中国家。据报道，日本重污染工业的 2/3 转移到东南亚和拉丁美洲；美国危害生态环境的工业部门与国外投资的近 2/5 在发展中国家。日本国内的一次性筷子有 97%是依靠进口，其中从中国进口的一次性筷子占全部进口量的 99%，即日本约96%的一次性筷子来自中国，中国对日本出口的一次性筷子每年至少需要砍掉 250 万棵树。二是发达国家将有毒废料和工业垃圾转移到发展中国家，把大量废水、废气、废渣倾倒至公共领域，直接转移工业污染。据联合国环境规划署报道，欧美工业国家每年向北非与中南美洲输出有害废物达到 2 ~ 3 万件。

少数发达国家和跨国公司的"生态殖民主义"，加剧了发展中国家的污染，使发展中国家及全球脆弱的生态经济发展雪上加霜。悉尼新南威尔士大学余美森博士说得好：国家有界、环境无界，不同肤色、不同民族的人们应该携起手来，共同应对可持续发展面临的种种挑战。

（四）国际绿色经济的发展趋势

根据主要影响因素的现状和变化情况，全球绿色经济在未来一个时期内，在总体上将呈现出加速发展和重点推进两大态势。

1. 从国际绿色经济总量的角度分析，全球绿色经济将呈现出加速上升趋势

做出这个趋势判断，主要是基于以下四点原因：

一是绿色经济在其发展过程中呈现出快速增长态势。通过对绿色经济发展过程、现状的研究与剖析，发现其在近 40 年的发展过程中，一直以较快的速度增长。目前，世界绿色产业市场份额不但已超过 3560 亿美元，而且绿色经济从西方发达国家迅速向全球范围拓展。

二是这种增长态势不是一种随机或偶发的经济现象，而是在三种力量作用下形成的绿色经济发展轨迹。这三种力量分别为：①由于传统经济发展模式会导致生态问题，对人类形成的生存压力；②由于人类具有生存理性，面对生存压力，人类开始警醒，形成来自两个层面的推动力量，即社会层面的推动力（表现为群众性绿色运动等）和政治层面的推动力（表现为与环境相关的法律、法规、政策、条例的出台等）；③由于绿色经济能够为企业带来超额利润，是新的经济增长点，形成了经济的利益驱动力。

三是推动绿色经济快速增长的三种力量均呈现出增长态势。生态危机对人类的生存压力增加。全球生态环境局部改善、整体恶化的现状，导致生态系统更加脆弱，其支撑能力更加弱化，生态危机更为严重，对人类的生存压力更大。对人类生存压力的增大，使发展绿色经济的紧迫性、重要性增加，生存压力的反作用力将有效推动绿色经济发展。值得注意的是，当生态危机减弱甚至消失时，绿色经济必然成为主导性的经济形态，此时，"人与自然和谐统一"必然成为全人类的共同价值取向，生态危机压力将转化为生态推动力。社会层面和政治层面的推动力将更加系统化、全面化、高效化。随着绿色经济理论和实践的不断深入发展，人类的绿色理念更加普及、绿色行为更加具体、绿色经验更加丰富、绿色资本更加雄厚、绿色手段更为多样。社会层面将表现为：群众性环保组织规模扩大，人数更多、形式更多样、手段更加灵活；公众参与环保活动范围更广泛、影响日益强大。政治层面将表现为：政府发挥舆论导向功能，倡导绿色生产方式、绿色生活方式，提高环保意识，构建绿色文化；制定更加完善、细致、科学、有效的法律法规和政策，执法力度更大、更严；充分利用经济手段，使其更有效、更深入、更全面；展开绿色外交。同时，社会和政治两大层面还会相互配合、相互促进、共同发展，进而推动绿色经济健康快速发展。经济的利益驱动力将得到增强。随着绿色技术、绿色产业模式（如循环经济）的不断完善和推进，企业的生产成本逐步降低；随着人类绿色消费方式的逐步形成和商家绿色营销策略的运用，人们的绿色需求日益增加；随着有远见的企业纷纷打绿色牌，提升了企业的绿色形象，提高了客户对企业的忠诚度，从而增大其市场份额；加之绿色产品附加值高、价格高于普通商品这几方面的因素，绿色经济领域的产品的利润率将得到进一步提高。资本的逐利本性，必将使更多的资本投向绿色经济领域，促进绿色经济发展。

四是这三种力量的叠加将推进绿色经济加速发展，绿色经济总量将加速上升。应该看到，绿色经济不仅占整个经济体系的比例还较小，而且绿色经济的发展是一个庞大的系统工程，涉及经济、政治、生态、文化、社会、国际关系等方方面面。整个经济体系的全面或大部分"绿化"，不可能一蹴而就，必将会经历一个漫长的发展过程。绿色经济的发展过程不但是世界性的、变革性的、系统性的、紧迫性的、必然性的、阶段性的、长期性的、艰巨性的、趋同性的，而且是知识化的、生态化的和可持续发展的过程。

2. 从国家和产业的角度分析，全球绿色经济发展将呈现出重点加速推进、逐步转型的发展趋势

这一趋势表现在两个方面：在国家层面，表现为发达国家与少数发展中国家和地区将加速推进绿色经济的发展，而绝大多数发展中国家虽然也在推进绿色经济发展但速度较为缓慢；在产业层面，表现为无论是发达国家还是发展中国家，在推进绿色经济发展时，将根据本国产业特点和国家整体绿色发展战略，选择重点产业、行业、领域进行重点推进。

发达国家的重点推进是在全部经济领域进行绿色建设的基础上，再进一步选择如信息产业、高新技术产业、软件业、生物产业等产业、行业和循环经济等领域重点推进，这是一种较高形态的重点加速推进模式。发达国家绿色经济推进的一大难点是在国民的高消费领域，消费具有一定的不可逆性。发展中国家由于经济实力、技术水平、人才状况等方面的原因，不具备在全部经济领域进行绿色建设的能力，只能在经济发展与生态环境矛盾十分尖锐的高污染、高消耗、高浪费的产业、行业和领域重点加速推进，以点带面，逐步实现转型，这是一种低水平的重点加速推进模式。

二、国际绿色经济发展的国家模式

全球绝大多数国家都在不同程度地推进着绿色经济建设。无论是发达国家和地区，还是发展中国家和地区，其绿色实践都在遵循着三大规律，即经济规律、市场规律和自然规律，也存在着一些共性问题。但世界上没有两个国家的地理区位、资源禀赋、政治体制、经济状况、社会文化和绿色发展水平是完全相同的，其绿色经济发展模式也各有特色。所以，任何国家和地区要想健康快速地推进绿色经济发展，实现自己的绿色发展目标，就必须既要掌握绿色经济发展的规律、态势和内在要求，学习和借鉴别国的先进经验，吸取和避免他国的教训和失败，又要结合自身特征，制定和实施适合本国的绿色发展战略和发展模式。因此，我们有必要对绿色经济发展的国家模式进行研究。目前，德国和墨西哥的绿色经济模式，分别在发达国家和发展中国家具有一定的代表性。

（一）发达国家的绿色实践：德国模式——全面启动，产业主导

第二次世界大战后，德国经济萧条，百废待兴。为加速经济复苏，德国以对资源的野蛮式掠夺和对环境的残酷破坏换取其经济的高速增长。生态的日益恶化，在导致生态危机的同时也成为德国经济发展的瓶颈性制约因素，从而促使德国转变经济发展方式，走上了绿色发展之路。20世纪80年代后期，德国在经济快速发展的同时，环境状况也得到迅速改善。德国成为世界上环保工作搞得最好的国家，循环经济发展水平也处于全球领先地位。其成功经验体现在以下几个方面：

1. 多渠道投入环保资金，多层次研发环保技术，资金与技术双重注入改善环保设施，研发与市场双重动力做大环保产业

（1）多渠道投入环保资金。为从根本上治理环境污染，联邦政府采取了国家投资、企业集资和提高环保收费的方法，加大对环保的资金投入力度。据统计，1986年仅政府用于治理环境污染的费用就高达1036亿马克；1983－1990年，全国工矿企业用于环境治理费用就达150亿马克；现在德国每年的环保贷款近100亿马克，企业每年的环保投资在60亿～80亿马克，极大地推动了德国环境保护工作的发展。

（2）多层次研发环保技术。德国是一个科技大国，十分重视科学技术的发展，其目的就是提高科技含量，保护资源和环境，提高经济效益和竞争力。环保技术的研究开发工作由国家、大学和企业的研究机构共同参与，形成科研的不同层次。多渠道投入的环保资金大部分用于加强环境科学研究与技术开发，提高预测环境风险、监测环境指标与治理环境污染能力等方面。科研投入的增加必然会提高环保技术的数量和水平。

（3）资金与技术双重注入改善环保设施，提高了生态效益。环保资金的增加，被用以新建企业的防污设备和旧企业的防污技术改造；大量新研发的环保技术和设备，增强了新企业防污设备的能力和提高了旧企业的防污、治

污技术改造水平。双重叠加效应，使企业的防污、治污能力大幅提升，从而实现企业的清洁化、绿色化生产，提高了生态效益。

（4）研发与市场双重动力做大环保产业，提高了经济效益。环保投入的增加，推动了环保技术的进步和环保产品的开发，拉动了环保技术和产品的市场需求，创造了更多的就业机会，同时，提高了环保技术和产品的国际市场竞争力，产生了较高的经济效益。

2. 大力开发风能等清洁可再生能源，为绿色发展提供能源基础

截至2020年年底，全球海上风电累计装机35196兆瓦，中国占比28.12%。2020年，中国海上风电新增装机量超过3吉瓦，占全球新增装机的50.45%。中国的海上风电总容超过德国，仅次于英国，成为全球第二大海上风电市场。欧洲保持稳定增长，占据剩余的大部分新增容量，其中，荷兰的年新增容量仅次于中国，安装近1.5吉瓦装机；比利时（706兆瓦）、英国（483兆瓦）和德国（237兆瓦）也有所新增，新增漂浮式海上风电装机来自葡萄牙（17兆瓦）。

3. 大力发展循环经济，循环经济系统日趋成熟

德国的循环经济源自"垃圾经济"，并向生产领域的资源循环利用延伸。德国对于垃圾处理的基本顺序是：尽量减少垃圾－最大限度再利用－无法利用再销毁处理。为了建立废弃物最终的处理模式，工程技术人员普遍树立了"回收再利用"的工程设计思维。在德国，所有生产行业产生的垃圾被重新利用的比例平均为50%，其中一些行业如包装生产和玻璃生产行业甚至达到80%，冶金行业的矿渣重复利用率达95%。为了监督企业发展循环经济和垃圾处理工作，生产企业必须要向监督机构证明其有能力回收废旧产品，才会被允许进行生产和销售。每年排放2000吨以上具有较大危害性垃圾的生产企业，需要事先提交处理垃圾的方案给有关部门监督。德国各地都有提供垃圾再利用服务的公司为企业提供相关技术咨询，帮助企业建立自己的垃圾处理系统，同时为其提供垃圾回收或再利用的服务。德国民众的循环经济意识也很强，城市的大小街道两旁有为垃圾分类而设置的不同颜色的垃圾桶，居民厨房内有各种放不同垃圾的器具，以便于垃圾的分类与回收。

4. 加大环境保护力度和扩大范围，创造良好的自然环境

从20世纪80年代中期开始，联邦政府采取了一系列保护环境的措施，德国的环境状况得到了迅速改善。环保投入的增加，使企业的环保设施得到了改善，环境状况有了显著好转。联邦政府针对矿区的不同情况，采取

相应措施，推进已停滞几十年的矿区复垦工作，如必须对因开矿占用的森林、草地实行等面积异地恢复；矿水抽出后不得直接排入河流或湖泊，必须经过芦苇湿地生物处理后才允许排放；矿区要对周围的地下水位负责，矿坑恢复为人工湖的要负责后续的管理工作。目前，已复垦的耕地、草地、森林和人工水面的景观错落有致，面貌焕然一新，并作为矿区可持续发展的样板在汉堡博览会上展示。

5. 制定各种有效的环境保护法律、法规和政策，为环境治理和绿色发展提供了保障性的法律政策平台

德国制定了一系列的环保法律，如循环经济和垃圾处理法、水资源法、空气污染法、废水收费法、噪声法、废物处理法等；在此基础上，还制定了细致、明确、有效的法规、政策等，加之执法十分严格，使其法律政策等具有了很强的指导性、约束性和预防性。德国政府对各种废弃物的处理制定有各种具体要求，如有关化学工业的法令就多达 2000 余种，有效抑制了化学工业污染的产生。德国除了执行欧盟有关发展循环经济和促进垃圾再利用的一些政策，还在本国循环经济和垃圾处理法的框架下，根据各个行业的不同情况，制定了促进各行业垃圾再利用的法规，使饮料包装、废铁、矿渣、废汽车、废旧电子商品等都能"变废为宝"。

6. 开展形式多样的环保宣传教育，为环境治理和绿色发展提供了基础性的公众平台

国民是影响环境发展变化的主体力量，只有提高国民的环保意识，使环保意识深入民心，使国民自觉投入环境保护的行动中，环境保护和绿色发展才能真正实现健康快速发展。为此，德国政府加强对国民的环保宣传，联邦政府将环保知识纳入学校的教育内容与科学研究的范围，政府、新闻媒介以及举办的各种环保展览会，都以通俗易懂的方式向国民广泛宣传环境污染给人类带来的各种危害，介绍环保科学的新成果，强调环境的重要作用。

7. 科学运用经济手段有效抑制污染，为环境治理和绿色发展提供了经济性的管理平台

德国通过收取排污费（谁倒垃圾多、排污水量大，谁就多交费）的方法，有效地减少了垃圾和污水的排放。德国国家统计数字表明，在德国 20 世纪 90 年代的头 3 年，各种废弃物减少了 16%，仅为 2.52 亿吨；家庭垃圾在 1990 年时为 4330 万吨，而现在减少了一半。对使用无铅汽油和排放有害物少的汽车车主，可少纳税，从而减少有害气体的排放。对绿色标志收取的使用费，由包装垃圾再利用的难易程度而定，如塑料包装垃圾与纸包装垃圾相比，前者的费用为后者的 7 倍。

德国的成功经验，一方面，揭示了经济发展与生态环境的辩证统一关系；另一方面，揭示了绿色经济发展的重要性、可行性和必然性，同时，也为其他国家协调经济发展与环境保护治理提供了宝贵经验。

（二）发展中国家的绿色实践：墨西哥模式

墨西哥属于发展中国家中现代化水平较高的国家，2020 年已经基本实现现代化。墨西哥的资源比较丰富，在不同历史时期赢得了"仙人掌的国度""玉米的故乡""白银王国""浮在油海上的国家"等美誉。墨西哥绿色实践属于发展中国家推进较好的国家，有些方面的成功经验不仅对发展中国家有借鉴意义，而且对发达国家也具有参考价值。

墨西哥走的是"先污染后治理"的发展道路。墨西哥作为发展中国家，由于资金不足，防污、排污设施缺乏，污染情况十分严重。20 世纪 90 年代中期，墨西哥城每年向大气中排放的有一氧化碳 35 万吨、二氧化硫 95 万吨、碳氢化合物 35 万吨、氮氧化合物 27 万吨、尘埃 43 万吨。污浊空气令人难以忍受，使政府不得不在街头设立氧气室，供行人吸用。生态的严重恶化，使墨西哥政府意识到不能再继续原有的发展模式，必须转变发展方式，加大对环境的治理和保护力度。发展中国家在经济、政治、社会、科技、文化等方面的发展水平，远远落后于发达国家，加之庞大的人口基数，所以在绿色实践中必须以更强烈的环保意识和更有效的环保手段，进行创新性、跨越式的发展，否则不但要沿袭发达国家"先污染后治理"的老路，而且将付出比发达国家更为惨痛的代价。

出于环境治理的需要，1990 年 6 月，墨西哥政府公布了《全国生态保护纲要》，内容是创建自然保护区，保护水质，消除污染源。目前，墨西哥已建立了 60 ~ 70 个不同形式的自然保护区，总面积达 570 多万公顷。1990 年 10 月开始，墨西哥政府实施反污染整体计划，目标是改善燃料质量和城市交通结构，利用先进技术控制工业和交通污染，使环境得到了根本性的好转。

作为一个发展中国家，在消除"三废"污染方面，也采取了一些很有价值的措施。墨西哥城先后设立了由 50 多个自动监测站和人工监测站组成的大气监测网，以随时监测大气的污染状况，并通过新闻媒介及时向社会公布；修建了地铁，减少了小汽车的行驶；通过使用新型低污染轿车替代老式公共汽车，而且对 1991 年生产的汽车加注了防污催化剂；规定排污不合格的汽车不能在马路上行驶；要求工业企业用天然气代替燃油作为能源与动力，以尽力减少二氧化碳的排放量；禁止新建有污染的企业；对污染企业实行严格监督与管理；将铸造厂和冶炼厂搬出城外，资助企业安装防污设备；取消非法垃圾场，扩建城市排污管道。上述措施的实施，对墨西哥由污染城市向清洁城市的转变起到了一定的推进作用。

在生态环境改善与恢复方面也取得了显著成效。墨西哥政府不但在城市实施植被计划，保护树木、植树造林，用 1 亿株树绿化了墨西哥城，栽种了数不尽的鲜花绿草，覆盖、美化裸露的土地，而且还建立了生物圈保护区、国家公园、野生动植物群落保护区。由于环境的改善，沿海地区的大灰鲸又重新出现，繁衍生息。作为发展中国家，墨西哥率先采用了绿色 GDP。1990 年，在联合国支持下，墨西哥将石油、各种用地、水、空气、土壤和森林列入环境经济核算范围，再将这些自然资产及其变化编制成实物指标数据，最后通过估价将各种自然资产的实物量数据转化为货币数据。即在传统国内生产净产出基础上，得出了石油、木材、地下水的耗减成本和土地转移引起的损失成本，并进一步得出了环境退化成本。此后，印尼、泰国、巴布亚新几内亚等国纷纷仿效，并开始实施。

绿色经济实践是一场世界性的历史变革，它既发生在发达国家的文明演进过程中，也存在于发展中国家追赶世界先进水平的过程中。在研究、探索世界绿色理论和绿色实践进程中，不能忽视占多数的发展中国家。发展中国家的绿色实践与发达国家相比，存在着较大的差距，但对发展中国家绿色发展的分析，可以完善人类对绿色发展的认识。中国作为世界上最大的发展中国家，绿色实践影响巨大。

第二节　国内发展态势下的区域模式

党的十九大报告全面阐述了加快生态文明体制改革、推进绿色发展、建设美丽中国的战略部署。报告明确指出，我们要建设的现代化是人与自然和谐共生的现代化，既要创造更多物质财富和精神财富以满足人民日益增长的美好生活需要，也要提供更多优质生态产品以满足人民日益增长的优美生态环境需要，为未来中国推进生态文明建设和绿色发展指明了方向。

一、绿色经济发展态势

我国绿色经济的发展，不同于发达国家的自下而上的推进模式，我国走的是自上而下的推进之路，在这个过程中政府的作用比较突出。

（一）绿色经济的发展历程

中华人民共和国成立时，是一个经济落后的农业国，人均国民收入只有 66 元，农业产值占社会总产值的 90%。20 世纪 50 年代初，中国追随苏联工业化"赶超战略"走上了通过高消耗、高污染换取工业产值高增长的发展道路。20 世纪 70 年代，国民经济获得了进一步增长，初步实现了由农业经济为主导向工业经济为主导的转型，但也付出了牺牲自然资源环境的沉重代价。与此同时，国际上出现了人类历史上第一次全球性的环境保护和世界性的绿色经济运动。而我国对这一世界性的、革命性的绿色运动并没有给予足够关注，对自身出现的环境问题也没有给予应有的重视，盲目认为发达国家的环境公害是长期的工业化过程导致的，我国当时的社会经济发展发展水平较低，工农业生产方式相对传统，因此对环境产生的影响很小。20 世纪 80 年代，中国的环保意识和绿色经济才逐渐开始萌动，目前走过了 40 多年的发展历程，在全国范围内得到了较快的发展。其大致经历了以下两个发展阶段。

1. 绿色经济萌芽与战略起步阶段（20 世纪 80 年代至 90 年代末）

这一阶段，粗放型经济仍占据主体和主导地位，但绿色经济开始兴起和发展。传统经济是这一时期的主流经济形态。国民经济在这一阶段保持了持续的高速增长，年均增长率约为 10%，创造了丰富的物质文明，广大人民群众的物质文化生活水平得到极大提高。但经济的快速增长，往往伴随着资源的大量投入和环境被破坏，这种发展模式是无法持续的。在关键的历史时期，中国的绿色经济开始兴起和发展，绿色经济、绿色政治、绿色文化、绿色组织等逐步形成和发展。具体表现在以下四个方面：

（1）环境保护意识增强。一方面表现为政府环保意识增强。邓小平同志等国家领导十分重视人口资源和环境等问题，强调要合理利用资源，保护自然环境并大力号召全国人民"植树造林，造福后代"。进入 20 世纪 80 年代，我国政府已意识到生态环境问题的严重性，开始了保护生态环境的工作。1983 年年底，第二次全国环境保护会议召开，将环境保护确定为一项基本国策。1988 年国家环境保护局正式成立，成为独立行使环保监督管理权的部门。但由于对环境的保护力度远远小于破坏速度，经济发展和环境保护之间的问题没有得到有效解决。另一方面表现为群众的环保意识增强。由于各级政府、新闻媒体等对环境保护理念的引导和宣传，使群众的环保意识、公众对环保的参与程度也在逐步提高。

（2）将可持续发展被确定为基本国策和长远发展战略。1992 年，里约联合国环境与发展大会，与会各国作出了履行《21 世纪议程》的庄严承诺，我国政府于 1994 年制定并发表了具有划时代意义的《中国 21 世纪议程——中国 21 世纪人口、环境与发展白皮书》（以下简称《中国 21 世纪议程》）。我国是世界上第一个制定和实施《21 世纪议程》的国家。1995 年 9 月，党的十四届五中全会正式将"实现经济社会可持续发展"作为主要奋斗目标和指导方针的重要内容，载入党的正式文件中，并指出，在现代化建设中，必须把可持续发展作为一个重大战略。要把控制人口、节约资源、保护环境放到主要位置。在 1996 年的第八届全国人大第四次会议和 1997 年党的十五大把可持续发展和科教兴国确定为今后经济和社会发展的两大基本战略。在 1996 年的《中华人民共和国国民经济和社会发展"九五"计划和 2010 年远景目标纲要》中，政府提出"积极推动经济增长方式的转变"，实现了由传统发展战略向可持续发展战略的转移，绿色经济从此驶入了加速发展的快车道。

（3）推行清洁生产和循环经济，启动了产业模式的绿色革命。我国第一次引入清洁生产的概念是在 1993 年上海召开的第二次全国工业污染防治会议上，国务院、国家经济贸易委员会和国家环境保护局提出了在企业内推行清洁生产的重要意见。1994 年通过的《中国 21 世纪议程》，规定了"开展清洁生产和生产绿色产品"的领域，确定了清洁生产在环境保护、绿色经济发展中的战略地位。为落实清洁生产行动计划，推进我国清洁生产的实施，国家环境保护局于 1994 年底成立了国家清洁生产中心，这是迄今为止在发展中国家中规模最大、成果最显著的国家清洁生产中心。1999 年开始，国家环境保护局率先从企业、区域、社会三个层面上，在全国范围内积极推进循环经济的理论研究和实践探索。

（4）加大了生态环境的恢复和建设力度。1998 年，国家宣布全面停止对长江上游、黄河上中游等地区的天然林采伐，对其他地区的天然林也实行限采或禁采，有计划地实行退耕还林（草）。政府对国民经济结构进行了战略性调整，大力限制资源消耗大、污染重、技术落后的产业的发展。对重点流域和重点污染地区的环境污染问题进行重点治理。"九五"期间，我国取缔、关停了 8.4 万多家污染严重又没有治理前景的"十五小企业"，全国 23 万多个工业污染企业中，90％以上的企业实现了主要污染物达标排放；在 46 个考核的环境保护重点城市中，25 个城市实现了大气质量按功能分区达标，36 个城市实现了地表水质量按功能分区达标；有 19 个城市（区）被授予国家环境保护模范城市（区）；1999 年自然保护区数量达到 1146 个，占国土面积比例的 8.80％。

2. 战略机遇与加速发展阶段（21 世纪初）

这一阶段，我国开始由总体小康向全面小康迈进，由中下收入水平国家向中上收入水平国家迈进，财富积累能力步入一个新的航道，进入了"重要的战略机遇期"。2019 年，我国人均 GDP 达到了 10276 美元，这是我国人均 GDP 历史上首次突破 1 万美元。2020 年，中国经济面对新冠肺炎疫情带来的种种挑战，最终逆势实现全年正增长，GDP 突破 100 万亿元人民币大关，经济总量继续保持正增长状态。

在新的战略机遇期，大力推进绿色发展和向绿色经济的战略转型，已是迫在眉睫。我国经济的持续高速增长有赖于资源的大量投入，因此导致了环境的破坏和生态的恶化，日益减少的资源和脆弱的生态已无力支撑高速增长的粗放型经济。随着实现 GDP 翻一番（2010 年）和翻两番（2020 年）的发展目标，我国已初步具备了转型的经济、政治、社会基础。党中央、国务院在研究和总结中华人民共和国成立以来的经验教训的基础上，充分吸收和借鉴世界各国的成功经验，审时度势，提出了新时代中国特色社会主义理论，强调大力发展低碳循环经济，努力建设节约型社会，这就找到了经济效益、社会效益和生态效益的结合点和工作着力点，使绿色经济发展进入整体加速的新时期。

（二）绿色经济发展现状

在进入战略机遇期和加速发展阶段后，我国的绿色经济发展取得了五大进展，但也存在着三个主要制约因素。

1. 五大进展

（1）绿色观念和绿色组织在发育成长。政府的环境意识和绿色 GDP 意识正在日益加强。2020 年，全年国内生产总值 1015986 亿元人民币，按可比价格计算，比上年增长 2.3％。其中，第一产业增加值 77754 亿元人民币，比上一年增长 3％；第二产业增加值 384255 亿元人民币，比上一年增长 2.6％；第三产业增加值 553977 亿元人民币，比上一年增长 2.1％。国家启动绿色发展基金，首期总规模达 885 亿元人民币，以支持产业绿色转型升级。而为实现 2030 年前实现碳达峰、2060 年前实现碳中和的新的碳减排目标，我国已启动碳排放权交易并颁布相关法规，鼓励试点城市先行实现碳达峰，以中国特色的碳减排路径引领全球气候治理，有助于全球经济实现绿色复苏。

（2）绿色产业加速发展，产业体系不断完善。我国绿色产业已由环保产业延伸到绿色农业、绿色工业、绿色服务业等，形成了产品种类繁多、门类较齐全的产业体系，绿色产业发展速度日益加快。

（3）绿色经济实践在不同层面展开，取得了较好的经济效益、社会效益和生态效益。绿色经济在中国，也采取了从局部到整体、由点到面的非均衡的发展战略。

在省级层面。展开生态省建设和循环经济示范省试点。根据《2020 年中国生态环境状况公报》报告，截至 2020 年，我国按照可持续发展和循环经济理念，先后在海南、吉林、黑龙江、福建、浙江、山东、安徽和江苏 8 个省开展生态省建设，在生态经济、生态社会、生态人居和生态自然四个方面取得了较大进展，积累了宝贵的经验，具有较强的示范和推广价值。结合老工业基地改造，辽宁省开展了循环经济示范省的试点，探索省级区域层面循环经济社会建立和发展的模式。辽宁省在老工业基地的产业结构调整中，按照循环经济的理念指导各项工作，制定和构建循环经济的法律和经济实施体系，建设了一批循环型企业、生态工业园区、循环型城市和城市再生资源回收及再生体系，不断优化着产业结构和产业布局。

在市级层面。展开生态市（示范区）建设、国家环境保护模范城市建设和循环经济城市试点。截至 2020 年年底，全国共有 71 个国家环境保护模范城市和 5 个国家环境保护模范城区，对推进城市环境保护和推广城市环境保护经验起到了积极作用。我国有十几个城市成为生态市建设试点，贵阳成为循环经济试点城市。

在县级层面。展开生态县、生态示范区建设。"2020 中国县域全生态百优榜"的发布，实现全域覆盖排行榜：除直辖市所含区与港澳台地区以外的全国县域行政单位为 2760 个，因受新冠肺炎疫情影响，湖北省所含 103 个县域行政单位不参与本年度榜单排位，故 "2020 中国县域全生态百优榜"实际涵盖全国 2657 个县域行政单位进行排位。

在农村地区。大力发展生态农业、有机农业和绿色产品、有机产品。我国依照循环经济的理念，推广种植业、养殖业、加工业的绿色发展实践，探索和总结出了大量的生态农业、有机农业发展模式，在农业生产的各个领域和环节，创造出大量具有在国内推广和国际借鉴价值的循环经济生产方式。通过划定基本农田保护区，使全国 83％左右的耕地得到有效保护。

在企业层面。推行清洁生产，建立生态工业园区。我国是国际上公认的清洁生产搞得最好的发展中国家。据统计，截至 2020 年年底，我国已在 20 多个省（区、市）的 20 多个行业、400 多家企业开展了清洁生产审计，建立了 20 个行业或地方的清洁生产中心。按照循环经济理念，在企业相对集中的地区或开发区，建立了广西贵港、天津泰达等 11 个国家生态工业园区。这些园区根据生态学的原理组织生产，使上游企业的"废料"成为下游企业的原材料，园区尽可能减少污染排放，争取做到"零排放"。广西贵港国家生态工业（制糖）示范园区是由蔗田、制糖、酒精、造纸和热电等企业与环境综合处置配套系统组成的工业循环经济示范区，通过副产品、能源和废弃物三者的相互交换，形成比较完整的闭合工业生态系统，达到园区资源的最佳配置和利用，并将环境污染减少到最低水平，同时，大大提高制糖行业的经济效益，为制糖业企业的结构调整和结构性污染治理开辟了一条新路，取得了社会、经济、环境效益的统一。

（4）有关环境与资源保护的政策法规加快出台和不断完善。我国环境与资源保护的立法步伐加快，目前，我国已制定颁布了相对系统的环境保护法律和自然资源保护法律，明确了环境法规和环境标准，地方性环境保护法规也不断出台。2002 年，国家颁布了两部具有重要意义的法律，即《清洁生产促进法》和《环境影响评价法》。《环境影响评价法》这部经历 4 年多修改并颁布的法律，是我国环境立法史上最为重大的进展，力求从决策的源头防止环境污染和生态破坏，从项目评价进入战略评价，标志着我国的环境与资源立法步入了一个新的阶段。

（5）绿色技术支撑体系加快构建。一是通过加强国际合作，引进国外先进的绿色科学技术和管理经验；二是通过加大投入及政策倾斜力度，鼓励和支持研究机构及企业进行绿色技术的研究、开发及应用。经过多年的绿色技术引进、研究、开发和应用，我国新能源与可再生能源技术发展迅速，整体水平大为提高。新能源与可再生能源产业也随之逐步发展，并形成了一定的规模。截至 2020 年年底，我国可再生能源发电装机总规模达到 9.3 亿千瓦，占总装机的比重达到 42.4％，相较于 2012 年增长 14.6％，其中，水电 3.7 亿千瓦、风电 2.8 亿千瓦、光伏发电 2.5 亿千瓦、生物质发电 2952 万千瓦，分别连续 16 年、11 年、6 年和 3 年稳居全球首位，全部可再生能源装机规模位列世界第一。

2. 三大主要制约因素

（1）生态资源环境仍在继续恶化，生态支撑能力脆弱，成为可持续发展的瓶颈性制约因素；经济增长没有扣减环境破坏和自然资源的损耗，虚增 GDP。①人口问题：我国人口自然增长率大幅下降，2020 年为 8.52‰。但 14 亿的庞大人口基数与 2019 年相比，全国人口净增 204 万人，而前一年增量还高达 467 万人，2018 年增加了 530 万人，而且国民整体素质不高，据 2020 年初统计，我国文盲约 3775 万人，占世界总数的 2.67％。②人均耕地少，我国人均耕地仅 0.09 公顷左右，不足世界人均水平的 40％。

（2）资源的高消耗、高浪费，加速了不可再生资源的衰减枯竭；同时大量的浪费与污染被计入 GDP。我国矿产资源禀赋较差，石油、天然气、煤炭、铁矿石、铜和铝等重要矿产资源的人均储量分别相当于世界平均水平的 11％、4.5％、79％、42％、18％和 7.3％。而我国经济长期以来的快速增长在很大程度上是依靠自然资源等生产要素的粗放投入实现的，资源耗竭和浪费现象十分严重。如果不尽快改变，我国这种饮鸩止渴、竭泽而渔的经济生产和增长方式，不但会迅速耗尽国内的资源，而且会造成大量的浪费与污染，从根本上弱化绿色经济发展的推动力，成为可持续发展过程中难以逾越的资源鸿沟。

（3）经济与社会发展不均衡。①国民收入的不均衡。基尼系数是国际通用的衡量收入差距的指标。目前，我国整体基尼系数约为 0.45。收入最高的 1％的人群，占到社会总收入的 6.1％；收入最高的 5％的人群，占到社会总收入的 20％。城乡发展的不均衡。我国农业生产相对落后，是国民经济中最薄弱的环节，很难支撑国民经济其他部门的快速发展。②城乡"二元经济社会"结构矛盾，已经成为我国发展面临的一大挑战，也是实现可持续发展过程中的最大的体制性障碍。③区域发展的不均衡。我国经济发展存在着三个不同层次的地带，即东部沿海经济比较发达地区、中部经济次发达地区和西部经济欠发达地区。

（三）绿色经济的发展趋势

绿色经济将呈现出加速发展的趋势。我国脆弱的生态资源环境已无力支撑传统的粗放型经济生产和增长方式，且正在崩溃的边缘徘徊。中国是否可以走上绿色发展之路，已不仅是发展方式的选择，而且是事关民族生死存亡的抉择。毫不夸张地说，绿色发展将引领中国跨过向新文明转型的门槛，迈向新文明，即知识文明和生态文明；"黑色"发展则死，意味着中华民族将面临几千年文明的陨落，如同玛雅文明、古巴比伦文明的陨落。我们有理由相信，党和政府、广大人民群众有把握自己命运的理性和能力，必将作出绿色发展的抉择。在现实中，绿色发展已经启动。理念的升华必然带来实践的跨越。近年来，党中央、国务院将科教兴国和可持续发展作为我国的基本国策，提出全面建设小康社会的奋斗目标，要走新型工业化道路，特别是以人为本的科学发展观的提出，昭示着我国绿色经济发展即将得到快速发展。

二、省域绿色经济发展模式

在我国绿色经济发展过程中，区域经济占有十分重要的地位。从省（市、自治区）一级、经由市、地层次直到县、乡、村，绿色经济呈多路推进态势，涌现出了各种有价值的实践模式。就省域绿色经济发展来看，大致分为整体推进和分散展开两大类型，其中尤以生态省建设成绩最为明显。

（一）生态省建设的基本情况

开展生态省建设是一项涵盖生态、经济、社会等多领域复合系统的区域可持续发展的示范工程。生态省、市、县建设是贯彻落实以人为本的科学发展观、坚持五个统筹、全面推进小康社会建设的一种有效的战略举措。目前，我国省域范围全面开展生态省规划与建设的省份有海南、吉林、黑龙江、福建、浙江、山东、安徽和江苏。陕西、河北、湖北等省也开始进入生态省建设的前期工作中。生态省建设正在由点到面展开，一些省市取得了初步成绩，见表5-1所示。

表5-1 中国生态省建设情况一览表

类型	省	成功经验及取得进展
整体启动多层展开	浙江	绿色文化、绿色环境、绿色经济建设配套推进，在市、县层面展开
示范区推进	安徽	从县域经济生态化入手推进生态省建设，县级生态示范区建设成就较大
协调发展	江苏	以生态市、县建设为重点，经济、环境协调推进
生态资本保值与增值性开发	海南	海南第一个提出建设生态省，走生态资源绿色开发道路，发展生态旅游
	吉林	整体启动，打自然资源牌，走生态环保型效益经济之路
	福建	总体设计，建设绿色福建
绿色产品带动	黑龙江	以发展绿色食品为突破口，促进绿色产业发展，绿色旅游业发展较快

类型	省	成功经验及取得进展
分层重点推进	陕西	生态修复、绿色农业和高新技术带动绿色经济发展
产业基地与品牌建设	山东	重点建设规模化绿色蔬菜、果品等绿色基地，创造海尔等绿色品牌，带动绿色经济发展
分散自发向整体自觉推进转变	河北湖北	前期准备，调研设计

此外，四大直辖市依托自身优势，也分别在发展绿色经济方面有所作为。比如北京强化首都优势要素的辐射功能，以知识经济和奥运经济为导向，加快绿色化发展；上海着力发展循环经济建设生态型国际大都市。

（二）浙江模式分析——"绿色浙江"的整体启动模式

2003 年 1 月 28 日，国家环境保护总局正式批准浙江省作为全国生态建设的试点省。浙江成为继海南、吉林、黑龙江和福建省之后，第五个开展生态省建设的试点省。浙江生态省建设的总体目标是：经过 30 年左右的努力，把浙江建设成为具有比较发达的生态经济、优美的生态环境、和谐的生态家园、繁荣的生态文化，可持续发展能力较强的省份，最终建成"绿色浙江"。"绿色浙江"主要包括绿色文化、绿色环境、绿色经济和绿色组织四个有机组成部分。生态省建设主要是围绕这四个方面推进，整体启动。

（1）绿色文化建设。浙江省已逐步形成了"保护生态环境就是保护生产力，不重视生态的政府是不清醒的政府，不重视生态的领导是不称职的领导，不重视生态的企业是没有希望的企业，不重视生态的公民不能算是具备现代文明意识的公民"这样一种共识。浙江省将生态建设知识纳入全省各级党校和行政学院的教学内容，作为干部培训的必修课。浙江省举办了县（市）长、百强乡镇镇长（书记）环境保护专题研讨班和生态市、县规划编制培训班，指导各地开展生态市、县、镇（乡）建设和规划编制工作；各相关部门制订了生态省建设宣传活动计划，广泛开展多层次、多形式的舆论宣传和科普教育活动，开展了以"建设生态省、打造绿色浙江"为主题的生态省建设宣传月的活动，全省各类媒体进行了全方位系列宣传，举办了"十月的阳光——创建生态省，打造绿色浙江"大型广场电视直播活动，全景式地展现出生态省建设的风貌；加快开展"绿色企业""绿色社区""绿色学校"等创建活动，培育公众的环境意识；推行了环境违法行为有奖举报活动，建立了公众参与环境管理监督的渠道。

（2）绿色环境建设。原浙江省省长吕祖善说，"自然生态环境对一个工业化社会来说就是一个聚宝盆"。浙江省生态环境质量处于全国领先地位。全省森林覆盖率达 61.5%（含灌木林），居全国前列，自然环境的自我修复能力强。全省共有国家级自然保护区 11 个、省级自然保护区 16 个、各级森林公园 72 个、地质公园 3 个，自然保护区、风景名胜区和森林公园约占全省陆域面积的 8.5%，在生物多样性保护和生态功能的发挥等方面起到了重要作用。"九五"以来，全省用于生态建设、环境治理的投入不断增加，环境污染和生态恶化趋势在总体上得到了控制，大中城市环境质量得到明显改善。杭州、宁波和绍兴市被评为国家环境保护模范城市，宁波市和杭州市富阳区被授予国家园林绿化先进城市，杭州市还荣获联合国人居环境奖、国家园林城市、国际花园城市称号。绍兴、临安等 6 个县（市）被命名为国家级生态示范区，奉化滕头村、绍兴夏履镇等 4 个村镇荣获联合国环境规划署"全球 500 佳"称号。为建设绿色浙江，管护和建设生态保护林、生态经济林、生态公益林、森林公园等将达 3000 万亩以上；对浙江省主要骨干河道及乡镇所在地 1 万公里河道进行疏浚、护岸、筑坝、清障截污等，新增污水处理能力 180 万吨/日、城市绿地面积 5000 公顷；设市城市的污水处理率由 41% 提高到 58%、垃圾处理率由 86% 提高到 92%；在农村推进"万村整治千村示范工程"，加强农村生态环境建设，从而把浙江省建设成全国一流的投资和人居环境省。

（3）绿色经济建设。即构建以循环经济为核心的生态经济体系。浙江具有良好的经济社会发展基础，为建设生态省提供了强大的物质支持。2020 年，浙江全省生产总值达 64613 亿元人民币，比上年增长 3.6%；一般公共预算收入增长 2.8%，城镇和农村居民收入分别增长 4.2% 和 6.9%。浙江省作为一个经济持续快速发展的资源小省、经济大省，对生态资源环境更为敏感。全省 11 个设区市分别提出了建设生态城市、园林城市、国家环境保护模范城市等目标，丽水、衢州两市和其他县（市、区）开展了国家级生态示范区建设试点。浙江省不断优化经济结构，经济增长方式从以量的扩张为主加快向质的提高转变。浙江省广泛推行清洁生产，有 150 多家企业通过 ISO14000 环境管理体系认证，90 多种产品通过环境标志产品认证；建成省级农业高新技术示范园区 11 个，现代农业示范园区 2204 个；建成 5300 个无公害农产品、绿色食品和有机食品基地。浙江省环保相关产业在 2020 年总产值已达 2.1 万亿元人民币，居全国前列。生态旅游方兴未艾，对旅游业的发展和生态环境改善起到了重要作用。浙江省培育发展循环经济，推动发展模式从先污染后治理型向生态亲和型转变，增长方式从高消耗、高污染型向资源节约和生态环保型转变。为此，浙江省大力淘汰高耗能低效益项目，清理钢铁、电解铝、水泥等九大类项目，仅2004年上半年就停建、暂停、取消立项154个项目，撤销九成多的开发区；完成农村公用事业和科教文卫基础设施投资310亿元人民币。浙江省建立自然资源有偿使用制度，运用财政贴息、专项基金等经济政策手段，狠抓企业技改，推广节能、节地和节水技术，积极发展高新技术产业和新兴产业，鼓励支持高附加值、低能耗的加工制造业。如杭州市富阳区采用"废纸再生，废水回用"的造纸工艺，每年节约竹（木）资源达800万立方米。

（4）绿色组织建设。成立浙江生态省建设工作领导小组，为生态省建设提供组织保障。建设生态省，是一项跨地区、跨部门、跨行业的系统工程，必须切实加强领导，协调行动。省委、省政府成立了生态省建设工作领导小组，2020年年底，已有91%的设区市和60%以上的县（市、区）成立了生态市、县（市、区）建设工作领导小组及办公室，形成省、市、县分级管理，部门相互协调，上下联动，良性互动的推进机制。明确目标，落实责任，建立了环境保护目标责任制。浙江省把生态省建设任务纳入各市、县（市、区）党委、政府行政首长的目标责任制，实行党政一把手亲自抓、负总责，建立部门职责明确、分工协作的工作机制，做到责任、措施和投入"三到位"。各级政府和有关部门把生态省建设列入重要议事日程，将生态省建设目标分解为具体的年度目标，实行年度考核，将建设生态省目标任务的完成情况列为评价各级政府和干部政绩的重要内容。在企业评优、资格认证和有关创建活动中，实行生态环境保护一票否决制。

例如，在浙江省委、省政府的大力推动和引导下，各市、县也加快了生态建设步伐。各市、县纷纷打生态牌、举生态旗、创生态路，提出"生态立市""生态立县""生态富民"的发展战略。各地各部门立足本届，着眼长远，根据区域生态功能，遵循生态功能区划所反映的生态规律，制定本区域经济发展战略及部门工作计划，以促进区域经济社会与人口、资源、环境协调发展。全省"一市一例、一县一点、一乡一品、一村一式"的生态建设格局已初露端倪。浙江通过生态省建设，逐步实现了经济效益与生态效益的共赢，向"绿色浙江"扎实推进，具有较强的示范效应和推广价值。

三、市域绿色经济发展模式

地市一级，特别是地级市构成了比较好的绿色经济发展平台，在实践中扮演着重要角色。经过多年努力，在全国 332 个地市中出现了一批绿色发展的排头兵，积累了宝贵经验。

（一）市（地）域绿色经济发展的基本情况

创建生态市活动是市域绿色经济发展的主体性构成部分。此项活动能加速经济增长方式的转变，促进产业结构的调整和优化，培育新的经济增长点，提高经济竞争能力。同时，生态市创建工作和创建过程也是转变人们消费方式，建设生态文明，促进生产发展、生活富裕、生态良好的文明发展的一场深刻变革。

实践表明，生态市建设是贯彻落实科学发展观的一项重大举措，是推进区域可持续发展的一种有效组织形式，是全面建设小康社会的一个重要载体，也是各地政府切实抓好环保工作，促进经济、社会、生态协调发展的重要着力点和切入点，更是推动绿色经济发展的现实抓手。同时，国家有关部门还分别或联合开展了文明城市、山水园林城市、卫生城市、循环经济试点城市、科教兴市城市、环境保护模范城市等创建活动，也从不同角度促进了绿色经济发展，见表 5-2 所示。

表 5-2　市域绿色经济发展主要类型

类型	市（地、盟）	成功经验及取得进展
超前设计持之以恒	珠海	生态资本第一标准，生态效益成为长期价值取向，各届政府唱连台戏。"绿色"已成为珠海人的生产方式、生活方式、思维方式。绿色经济发展呈现出超前性、高起点、持续性、协同性和社会化等五大特点
整体推进协调发展	苏州、宁波	全面协调发展，走循环经济之路。全面展开，联动发展
知识经济主导	深圳	知识经济发展模式的主要特征是"森林城市+高新技术产业"。其重点是发展高新技术产业，减少对环境的污染。高新技术产业产值占工业总产值的比例位居全国第一。运用先进技术，使工业向深度化、精度化、高附加值、知识技术密集型方向发展
循环经济启动	贵阳、沈阳	传统产业改造升级，构建循环产业链
绿色农业先行	呼和浩特	对优势生态资本进行绿色开发。依托自然资源、生态资本的优势，进行高效益的开发。"产供销一条龙"，种养加一体化，推进绿色食品产业化、规模化"，以草原兴发、伊利集团为代表
生态修复	阿拉善盟	生态综合治理模式："转移式发展"，开展生态移民，进行优势开发

（二）珠海模式分析——"海上云天，天下珠海"，珠海模式贵在"恒"

珠海市在创办特区以前，是珠江三角洲以渔农业为主的最贫困落后的边陲小县，不具备发展工业的基本条件。经过 40 多年的建设和发展，如今的珠海市已成为一个经济实力较强、规划科学合理、基础设施配套、自然环境优美的花园式海滨新城。2020 年，珠海 GDP 为 3481.94 亿元人民币，同比增长 3.0%。其中，第一产业增加值为 60.02 亿元人民币，同比增长 1.6%；第二产业增加值为 1510.86 亿元人民币，同比增长 1.8%；第三产业增加值为 1911.06 亿元人民币，同比增长 4.1%。珠海绿色实践呈现出五大特征：

（1）绿色实践的超前性。珠海从创建经济特区之初就确立了发展经济不能以牺牲环境为代价的可持续发展的思想，坚持以"生态强市"为发展目标，坚持经济建设、城市建设与环境建设同步规划、同步实施、同步发展，走出了一条经济发展与环境保护协调发展的道路。珠海很早就以拥有"可以直接罐装出口的清新空气"而闻名，拥有很好的生态环境基础，较好地实现了经济、社会、环境的协调发展，体现了人与自然的和谐统一。这为整个城市的可持续发展打下了坚实的生态环境基础。

（2）绿色实践的持续性。珠海在超前确定了可持续发展的道路后，更难能可贵的是各届政府"唱连台戏"，40 多年来坚持可持续发展道路不动摇，持之以恒。生态价值取向成为珠海历届政府和珠海人民长期不懈的共同追求。"珠海的发展道路坚定"，"珠海模式"贵在"坚持生态效益为经济发展的第一标准。拒绝高污染、高浪费产业进入珠海，大力发展高新技术产业"。近些年来，珠海的重化工业发展势头也十分迅猛。石化尤其是重石化，非常容易带来污染。对此，珠海通过规划先行和严格环保标准，确保珠海环境质量不受影响。珠海通过国际招标编制珠海石化产业基地总体规划，通过招标选择国内甲级环评单位编制临港石化基地环境报告书，把环境保护纳入规范管理和日常工作中来。规划明确规定通过提高水的重复利用率，选择恰当的生产工艺和设备等方式治理废水；通过在生产过程中加强管理和排放过程中的扩散稀释作用，减少废气污染；通过综合利用来焚烧和填埋治理废渣；通过安装消声装置和分散布置、设置隔声建筑物等方式来治理噪声。由于措施到位，发展重石化并没有给珠海带来污染。

（3）生态环境优美。截至 2020 年，珠海全市新增造林面积 3807 公顷，森林抚育面积 10290 公顷，市域森林覆盖率达 39.64%，建成区绿化覆盖率为 46.87%，城区人均公园绿地面积达 21.23 平方米；全市建成森林公园 18 个、湿地公园 16 个、20 公顷以上的大型生态旅游休闲场所 30 处、社区公园 509 个，实现城镇社区公园 500 米服务半径全覆盖；将森林小镇建设作为从森林城市向乡村延伸发展的重要抓手。2020 年珠海已成功创建 5 个森林小镇，并积极开展了新一轮的森林小镇认定工作；充分调动社会力量参与生态建设，2016－2019 年，珠海共有 364.24 万人次通过各种形式参加义务植树，累计植树 491.6 万株，全民义务植树尽责率达 100%。森林是"看不见的水库"，同时也是"地球之肺"，通过开展各种形式的造林增绿活动，使城市综合承载能力不断增强，使生态文明建设成果不断得到巩固提升。珠海市依山傍海，海岸线曲折，山丘绵延，"青山绿水"是其自然风光的显著特点。珠海连续四次获得"全国双拥模范城市"的称号，先后两次被评为"国家卫生城市"，还获得"全国环境保护模范城市""全国精神文明建设十佳城市""国家园林城市""生态环境保护城市""城市环境综合治理优秀地级市"等多项殊荣。

（4）城市建设品位较高。珠海市长期以来一直把城市建设和环境建设放在整个经济社会大格局中，将环境保护的内容、目标、任务、措施纳入城市总体规划和国民经济发展计划。城市布局采取富有弹性，利于生态平衡和环境保护的大分散、小集中的组团式结构，各组团之间以山体水域相分隔，以交通网络有机联结，扩大市区和近郊的绿地，留下足够的发展空间。全市1000 多平方公里划分为五大功能区，城市建设功能按照国际惯例相对分开。城市规划和环境规划注重生态与资源的保护，并强调"绿化、美化、净化"，城市建设强调"个性化、艺术化"，体现出人与自然的和谐统一。

（5）公众参与环保的意识强。珠海市委、市政府十分注重培养社会公众对可持续发展的支持力。尤为突出的是创建绿色社区，即自主建立并长期保持社区环境管理体系和环保公众参与机制的社区。社区硬件建设包括绿色建筑、社区绿化、垃圾分类、污水处理等，软件建设则指建立社区环境管理体系和公民参与机制。社区以居民的生活小事为切入点，提倡节水、节电、垃圾分类、在家中少用一次性物品、进行绿色消费等，提高居民的城市持续发展意识。绿色文化已成为珠海人民的主流文化形态，绿色理念已成为珠海人民的思维方式、生活方式及共同的价值取向。

（三）内蒙古阿拉善盟模式——生态治理恢复型

绿色经济的发展路径，因条件、环境不同而各有特点。对于条件较好地区，可以从生态资本的保值增值入手，发展绿色经济，比如珠海模式。对于条件较差的区域，只能从生态修复开始，从重构生态资本这个基础和前提开始，来推进绿色经济的发展。阿拉善模式就是后者的代表。

阿拉善盟位于内蒙古自治区最西部，地辖27万平方公里，历史上曾是水草丰美的天然牧场。自20世纪60年代以来，由于气候极度干旱和人类向自然过度索取的生产、生活方式，使十分脆弱的生态环境急剧恶化，生态平衡遭到严重破坏。沙漠化加剧、沙尘暴频繁发生，全盟沙漠化土地面积占总土地面积的82.3％。日益恶化的生态环境加重了牧民的贫困化程度，部分牧民被沦为"生态难民"；严重威胁境内的国防科研基地"东风航天城"的生态安全；已成为我国最大的沙尘源地，大量风沙倾入黄河，使河床抬高，行泄能力下降；直接影响河西走廊、宁夏平原和河套平原三大商品粮基地和西北、华北及京津地区。再造山川秀美的阿拉善，不仅事关阿拉善人民的生存发展，而且直接关系到黄河、华北直至全中国的生态安危。

克服生态恶化的治本之策是生态修复。从中外治理荒漠的实践来看，要想恢复植被，主要有两种办法：一是投入建设，采用围栏、封育，建草库伦、人工增雨、防风固沙等办法；二是迁移居民，撤出畜群，使其自然恢复植被。阿拉善盟采用的是第二种办法。20世纪90年代中期，阿拉善盟提出了以"适度收缩、相对集中"为核心的"转移发展战略"，作为全盟生态治理、社会经济发展的指导方针。"转移发展战略"就是"生态移民战略"，即通过撤离人畜，暂时"放弃"大部分草场，使其休养生息、自然恢复植被，从而解决生态问题。其主要依据是，只有采取适度收缩、相对集中的办法"放弃"一些地方，停止在那些植被遭到破坏的地方游牧，才能使草场有一个休养生息的机会，使植被得以恢复。让"移民"在新迁之地依照绿色经济规律致富之时，迁出之地的生态就可得到自然恢复，使阿拉善走上可持续发展之路。在实施"转移发展战略"的过程中，具有阿拉善特色的生态综合治理模式逐渐形成。

按照"转移发展战略"，阿拉善盟确定了更加明确的治理目标和配套的治理对策。

一是抛弃传统的"人进沙退"观念，以人退带动沙退。从变革农牧民传统的生产、生活方式与解决草畜突出矛盾入手，严格控制、调整人类活动方式和活动范围，将分散居住的农牧民集中在资源条件相对较好的地区，适度收缩，集中发展。在不适合现代人类居住的沙漠、戈壁、山地和丘陵地区以及生态保护重点区，建立"生态无人区"。没有人类的活动，在阿拉善这样的地方，自然生态的自我恢复、自我平衡能力是惊人的。例如，阿

拉善盟辖区内的贺兰山是我国西北地区的最后一道生态屏障，但自进入 20
世纪 70 年代以来，随着贺兰山地区人口和牲畜的不断增加，过度放牧和采
伐，致使贺兰山的屏障作用日见衰退。"转移发展战略"使贺兰山逐步恢复
了葱郁和繁盛，生态屏障功能日益增强，见表 5-3 所示。

表 5-3　贺兰山还林还草效果对比一览表

	退牧前（1999 年 9 月）	退牧后（2003 年底）
野岩羊（只）	16283	24431
林地面积（公顷）	35817	88500
明流水（条）	46	61
灌木更新（株/公顷）	492.1	948.3
草本种类（种）	13	31
灌木盖度	7.8％	14％
灌木平均高度（厘米）	25.7	41.4
地被物盖度	27.6％	74.8％
草本平均高度（厘米）	6.8	36.2
鲜草产量（公斤/公顷）	730.04	2 720.4
干草产量（公斤/公顷）	427.5	937.94
蓄水量（立方米/公顷）	0.6	1.7

二是实施综合开发。增强人民群众的生态资源合理利用意识；限制畜
牧头数、控制草场载畜量，加强对天然植被的保护，开展人工造林、人工
种草、飞播造林种草、畜群草库建设、围栏封育等项工作；采取推广风能、
太阳能利用技术，研究试验人工增雨技术；加强对水资源的保护和勘查，
兴修水利设施，推广节水技术等措施。

阿拉善盟的"转移发展战略"是立足区情和当地资源优势的现实选
择，体现出了其独具特色的绿色经济发展之路。在恶劣的自然环境条件
下，唯一正确的选择是撤退转移，到适合的地方去发展；在薄弱的地区
经济基础之上，要实施可持续发展，只有适度收缩、相对集中，把有限
的人力、物力、财力用于重点地区的建设和发展上，才能走上产业化、
城镇化的发展之路；在一定的资源优势基础上，也完全可以延伸绿色能
源、建材和畜产品工业优势，大力开发绿色农业。所以，"转移发展战略"
是以市场为导向，以资源为依托，通过调整生产力布局、整合绿化产业
和产品结构，最终实现从资源优势向绿色经济优势的转变，是顺应自然
规律，谋求生态平衡的必然选择。阿拉善部分地区自然环境较好，如贺
兰山一线沿额济纳河两岸和沿铁路、公路交通干线地区，集中了条件较
好的"六镇、八区、十大滩"，如果按"转移发展战略"的产业化部署集
中开发，就可解决阿拉善 26.24 万人民的生存和温饱问题。

　　阿拉善盟"转移发展战略"的成功实践，为我国西部地区的绿色发展、为我国绿色中国的发展建设，乃至为全球沙漠型和生态极度脆弱地区的绿色发展，提供了十分宝贵的经验与模式。

四、县域绿色经济发展模式

　　县域绿色经济发展，比较集中地体现在原国家环境保护总局着力推动的生态示范区建设实践之中。

（一）生态示范区建设的基本情况

　　生态示范区是按照生态经济学原理，主要在县域范围内落实环境保护基本国策，推进社会经济和环境保护协调发展的一种工作形式。国家环境保护局自 1995 年开展生态示范区建设以来，分 8 批批准建立了 484 个生态示范区建设试点，对 82 个通过考核验收的生态示范区进行了命名表彰。生态示范区的建设，为很多地区环境问题的解决探索了道路，积累了经验，对各地的可持续发展产生了很大影响。

　　在示范建设实践中，各地创造了许多典型经验。根据其主要特色，可以大致分为生态城市建设（综合开发）、绿色产业发展、生态脱贫、生态旅游、革命老区、矿区生态重建等多种模式。从安徽省生态示范区建设类型中即可窥一斑，见表 5-4 所示。

表 5-4　安徽省生态示范区建设情况一览表

类型	生态示范区	取得进展及其成功经验
山区生态脱贫模式	金寨岳西、绩溪等县、黄山市黄山区	把生态保护与脱贫致富结合起来，为自然资源丰富、经济基础较差的地区作出了示范，走出了一条生态脱贫的路。分别建立无公害、无污染、反季节高山蔬菜生产基地，形成产、供、销一条龙高山蔬菜开发网络；建立猕猴桃和石佛茶叶等有机食品生产基地；建成核桃、板栗、茶、桑、水果等经济林
生态旅游模式	黄山市黄山区	把生态保护与旅游资源开发有机地结合起来，建设黄山国家森林公园、十里山自然保护区、山区小流域综合治理、黄山绿谷开发保护区、金盆湾旅游度假区，生态旅游业已经成为当地又一个新的经济增长点
矿区生态重建模式	马鞍山淮北市	按照生态经济规律进行矿区生态环境综合整治，实施矿区复垦及生态恢复建设，改善矿区的生态环境。建成多种生态农业模式

类型	生态示范区	取得进展成功经验
平原生态农业模式	涡阳县	结合农业大县特点发展生态农业，建设了以农、林、水、优质黄牛开发为重点的"十大生态工程"和"十大农业商品基地"，开展了对农业产品的深加工，建立了绿色食品生产加工基地
生态城区模式	芜湖市长江区、蚌埠市新城区	按生态学原理进行建区规划设计，按生态学标准进行建设
果品经济持续发展模式	砀山县	建立了砀山酥梨种质资源省级自然保护区，有效实现了种质资源保护与地方经济发展向更高层次发展的"双赢"

（二）江苏张家港模式：县级优良的生态环境和循环经济典型

例如，张家港市早就因为精神文明建设而闻名全国，在绿色经济发展方面也敢为人先，经过多年奋斗，张家港市已成为整体推进县域绿色经济的主要代表和排头兵。

（三）河南新县模式——革命老区"兴山富民"的发展模式

河南省信阳市新县位于鄂豫皖三省交界的大别山腹地，是革命老区，其自然环境特点是"七山一水一分田，一分道路和庄园"，是一个集老、山、边、穷于一体的国家重点扶持县。自 20 世纪 60 年代到 70 年代，新县先后掀起"大办钢铁"的毁树炼钢和"以粮为纲"的上山开荒的热潮，毁掉了大面积的原始森林，导致水土流失日益严重，生态环境严重恶化，人民群众生活困难。进入 90 年代，新县开始探索"兴山富民"之路，1999 年 12 月被国家环境保护总局批准为国家级生态示范区建设试点。新县坚持以生态立县，"打生态牌、吃生态饭、发生态财"，展开以生态农业、生态林业、生态工业、生态城镇和生态旅游为主的生态建设，形成经济社会建设突飞猛进的新局面。

（1）大力发展有机农业、生态农业，走绿色农业之路。新县在生态农业建设中，按照"规模调大、品种调优、效益调高"的要求，调整优化农业结构，发展特色农业；对不适合粮食作物生产的地方，实施退耕还林还草工程，提高土地综合利用率；利用水草资源丰富的优势，大力发展畜牧业和水产养殖业。积极探索和推广适合当地条件的生态农业模式，发展农副产品深加工，拉长产业链条；积极推广和应用生态农业种植新技术，组织实施沃土工程，采取配方施肥、秸秆过腹还田、堆沤还田、增施有机肥和严格控制化肥施用量等措施，改良土壤土质。加强农业基础设施建设和农业生态环境保护，注重加强农村污染源的综合防治，实施改水改厕，村镇饮用水卫生合格率和卫生厕所普及率分别达到99％和65％；组织实施了小流域综合治理、土地整理、农业综合开发等一大批项目，增强了农业生态系统的可持续发展能力，实现了"双赢"目的。加快生态农业示范区建设，已建成各类生态示范园区8个，推动了农业产业结构调整，走出了"园区带农户"的路，调动了农民生态建设的积极性，推动了生态农业的发展。

（2）一手抓林业资源保护，一手抓林业产业化开发，走绿色林业之路。新县针对地处山区的实际，打"生态牌"，使全县林业快速发展，先后获得"全国造林绿化先进县""全国经济林建设先进县"和"全国水土保持先进县"等荣誉。一是狠抓林业生态体系建设，优化区域环境。大力开展植树造林和封山育林、退耕还林、淮河防护林、世行林业贷款、"四线"生态示范带和京九绿色长廊等林业项目建设，完成了万亩茶叶基地、万亩杉木基地、万亩银杏基地、万亩油茶基地和百里板栗长廊的"四万一百"工程，建设绿色路网、河渠260公里。二是狠抓生态林业资源保护，加大林管执法力度。因地制宜，采取乔、灌、草相结合，山、水、路齐治理，进行保护性综合开发利用。加强了对江淮岭生态园、县城生态风景区等风景区建设，加强了对金兰山、天台山等自然保护区的建设。成立了生态林资源保护机构，建立健全了各项管理制度，全面实施禁伐、禁猎，使林业资源得到了有效保护。三是狠抓生态林产业化开发，坚持走"公司+基地""基地+农户"的链条式产业化之路，打造林产品品牌。在全县根据不同的地域特点，统一规划，合理布局，逐步形成了西部深山区板栗、银杏、小杂果基地，北部优质用材林基地，东部、南部茶叶基地。积极培育龙头企业，并创立了"香山翠峰"等多个名优品牌，产品远销日本、西欧、东南亚等地。

（3）发展清洁生产，走绿色工业之路。依托林业和矿产资源丰富的优势，实施"兴工强县"战略，培育出以羚锐上市公司为代表的中药材加工企业、一批食品保健品加工企业、矿产加工企业，初步形成了具有新县特色的生态工业体系。对工业建设项目坚持先评价后建设原则，认真执行环保"第一审批权"和"一票否决权"制度；严格执行"环评"和"三同时"制度，使"环评"和"三同时"执行率达100％；加强工业污染治理，对污染重、治理无望的企业坚决关停。全县工业企业都实现了达标排放，城镇地面水、噪声和空气环境质量均达到功能区标准，提前完成了"一控双达标"任务。全县坚持污染防治与生态保护并重的方针，走清洁生产的绿色工业之路，最大限度地减少工业企业对生态环境的影响。

（4）思路决定出路，思维的革命引发经济社会的变革。新县人以"生态立县"，把一个生态环境恶劣、经济欠发达的县城，发展成为一个生态逐步恢复、经济快速发展、社会全面进步的富裕县，形成了经济效益、社会效益和生态效益方面的良性循环。新县经验具有一定的示范和推广价值。

第六章 绿色经济发展的社会模式
与实现机制

第一节 绿色经济发展的社会模式

绿色经济不可能孤立存在，它需要也必然会促成绿色社会的形成。与工业文明"高生产、高消费、高污染、低效益"的发展模式不同，绿色经济而是一种追求资源节约、环境友好以及社会整体和谐的发展模式。现当代发展模式应在充分反映生态系统运行规律的前提下，努力构建绿色市场经济体制、绿色企业体制和绿色社会环境。

一、绿色生产方式

每一次文明转型都离不开生产技术的变革和生产方式的深刻转变。绿色生产着力解决人口、资源与环境之间的矛盾。绿色生产就是在生态资本保值、增值的前提下，追求生态、经济、社会、政治、人口之间的协调发展，追求生态效益最大化的生产方式。绿色生产的基本特征是生态和谐、资源节约、可持续发展。

（一）绿色物质生产方式

物质资料的生产和再生产是人类生存的基本前提。绿色文明社会的行为主体——"生态人"所选择的物质生产方式是绿色生产方式。绿色生产方式以生态资本的保值为前提，以知识化、循环型、低消耗、低污染、可持续为基本特征，追求资源的节约使用，追求生态环境与人类社会的和谐发展。

1. 循环生产方式

从 20 世纪 90 年代循环经济概念的产生，到今天循环经济在全球如火如荼地发展，这段时间并不长。循环经济强调资源的减量化和再利用，其最大特征就是强调资源节约，减少甚至消除污染物排放，切实保护生态环境，在生产和消费过程中以最小的成本获取最大的生态效益、经济效益和社会效益。循环经济从企业生产出发，在绿色发展框架下实现循环发展。绿色农业、绿色工业、绿色服务业是循环生产方式的主要构成部分，其中，绿色农业和绿色工业是基础产业，绿色服务业是增值产业。

2. 氢基能源结构

面对化石燃料日趋枯竭的问题，人类必须加快对能源结构的调整，开发利用绿色能源，由碳基能源经济转变为氢基能源经济。

除了太阳能和氢能，风能、水能、潮汐能、光能、地热能等可再生资源，都是可以循环开发利用的绿色能源。对这些新型资源的开发利用，将有效缓解人类发展与资源利用之间的矛盾，并引导人类进入与自然、生态和环境和谐发展的新阶段。

3. 环境友好

绿色生产方式具有环境友好的基本特征，主要表现在三个方面：一是与环境的和谐，二是对环境的保护，三是对环境的修复。清洁生产、环保产业、循环经济都体现着这些特征。例如，清洁生产就是一种非常典型的修复、利用与保护同时进行的复合式生产方式。清洁生产的基本理念，是将整体预防的环境战略持续应用于产品设计和生产过程中，以降低人类对环境的影响。清洁生产是保护环境的一种重要方式，其核心理念是对生产过程中的污染进行控制，对生产过程中产生的污染进行治理，从而实现人与自然之间的和谐发展。

（二）绿色人口生产方式

在人类的生产方式中，除了物质生产方式之外，人类自身的生产（种族繁衍）也是非常重要的。人口与资源和环境问题密切相关，过度开发或过度消费，都会对自然资源和自然环境造成很大压力。进入文明社会以后，人类就面临着人口不断增长及其引发的各种问题。随着科技的进步，人口增长速度加快，资源需求随之增长，环境压力越来越大。世界人口的爆发式增长，引发了人口、环境与资源危机。绿色人口生产方式是与自然环境和生态系统相适应的人口生产方式，特别强调了人口结构的优化。

绿色人口生产方式的基本要求是：人口增长与经济发展基础相协调；人口的质量与社会发展要求相适应；人口的增长与自然资源状况相协调；人口的增长以生态系统良性循环为前提。具体来讲，绿色人口生产方式的基本要求包括以下几个方面：首先，将人口规模控制在地球资源以及生态系统的承载力范围之内；其次，人口的生产方式要与物质生产方式相适应；再次，要追求人口质量的提升；最后，要寻求合理的人口结构及分布格局。

选择绿色人口生产方式，要采取合理的方式，从人类自身发展的需要出发，采取相应的措施，比如，提高女性地位、提供养老保障、促进社会公平等。

（三）绿色精神生产方式

精神生产就是指"思想、观念、意识"的生产，是人类通过脑力劳动创造精神产品的活动。作为一种复杂的、艰苦的脑力劳动，精神生产要适应社会生活和时代的发展，满足人类发展的高层次精神需要。绿色精神生产不仅包括人类在价值观、文化理念上对生态平衡和生态环境问题的思考，还包括从生态平衡和生态环境的角度来思考自然科学、社会科学以及文学艺术发展方面的问题。在价值理念上对"天人合一""道法自然"哲学观念的追求，在物质生产方式上对资源节约和环境友好型生产方式的追求，在道德文化层次上对人与自然和人与动植物之间和谐相处的追求，都是绿色精神的具体体现。绿色物质生产是绿色精神生产的前提，绿色精神生产反过来又会促进绿色物质生产的进步，两者是相辅相成、相互促进的。

二、绿色生活方式

在文明转型时期，人们的生活方式和消费方式会发生变化，并会朝着健康、生态等方向发展。从根本上说，绿色生活方式的出现不但符合人类自身的生命规律，而且符合人类社会的发展规律。

绿色生活方式是环境友好、健康文明的生活方式。绿色生活方式要选择对环境有利的行为方式，养成良好的生活习惯、健康的价值观和积极的生活态度。具体来说，包括在节约资源方面，如节约每一滴水、每一度电，少用或不用塑料袋，少使用贺年卡、一次性筷子等用后即弃型产品，选择包装简便的商品等；在保护环境方面，如垃圾分类、少用化学药剂、选择无氟产品，尊重自然界所有生物的自然生长规律，不人为进行破坏、不过度开垦、不过度放牧、不过度捕鱼等；在善待动物方面，如不滥吃野生动物、不以野生动物牟利、爱护有生命的一草一木等，自觉保护野生动物的生存环境。

在绿色生活方式中，影响最大的是绿色消费方式。人们对绿色消费的选择取决于自己的生活方式，而生活方式又在很大程度上影响着消费方式。

"绿色"这个名词在人们的思维中更多与"对环境有益"关联。就绿色消费来说，人们总是简单地将其理解为消费对环境有益或不损环境的产品。事实上，绿色消费不仅仅是选择和消费绿色产品。真正意义上的绿色消费除了绿色产品，还包括有利于资源节约、保护生态环境的消费行为。绿色消费方式包含三层含义：一是消费行为建立在不破坏环境的基础上；二是选择对自然资源消耗适度的产品；三是消费方式符合生态系统内部物质流动和能量转换规律，能够促进生态平衡；四是在满足消费需要的同时，兼顾代际公平。

绿色消费通常体现为在合理的、健康的吃穿住行方面上。"吃"：选择以绿色加工和生产方式为主的食品。"穿"：选择实用、经济而又注重环保的产品。"住"：要选择绿色建筑和节能建筑。"行"：选择以节能、低耗、环保能源为主的交通工具而不是高污染、高消耗的交通方式，比如以公共交通或自行车为主而不是以私人轿车为主。

绿色消费是绿色生产的基础动力，积极培育人们的绿色消费理念具有重大的意义。在市场经济中，消费者掌握着"货币选票"。当消费者选择绿色消费方式、把"货币选票"投给低污染或无污染产品时，市场将引导生产者采用资源低消耗、污染少的环保的生产方式，为消费者提供绿色产品和服务。因此，政府要通过积极的环保宣传、示范以及劝导促进消费者（包括政府消费即政府采购）选择绿色消费品。同时，也要注重完善法律制度和政策引导，为绿色消费保驾护航。生产者通过选择绿色生产方式，积极宣传绿色产品，也会促进消费者消费倾向的改变。

三、绿色管理方式

经济管理应该与绿色文明、绿色生产、绿色生活相适应，按照绿色经济发展的基本原则和规律进行科学管理，从而促进经济绿色转型。绿色经济管理的实质，是利用各种管理手段对绿色经济系统的运行过程进行协调，实现经济、社会与生态的有机统一。通过对经济利益关系的调整，调动各方发展绿色经济的积极性和创造性，按照绿色经济规律办事，用最少的资源耗费获取最大的经济效益、生态效益和社会效益，使经济活动对生态环境系统的负面影响控制在可接受范围之内，促进经济与人口、资源、环境的协调发展。这种协调生态与经济关系、追求绿色效益的管理方式就是绿色管理，具体来说，其可以分为宏观管理和微观管理，宏观经济管理是指政府调控，微观管理是指企业管理。

（一）宏观绿色管理方式

宏观绿色管理方式不是单纯追求经济增长，而是通过多元化管理方式，追求生态与经济系统的协调。宏观绿色管理涉及经济体制的运行、经济发展战略的制定等内容。

绿色经济建立在市场经济基础之上，但它并不是完全由市场调节实现的，而是在政府的调控与引导之下形成的。生态市场经济体制，就是在市场经济运行的基础上，政府运用税制、补贴、法律、监督等手段，将资源使用所造成的生态环境问题内化为生产成本，以达到生态与经济的协调与统一，将资源消耗控制在环境生态可承受限度内。除了充分发挥市场机制的作用，政府还应该制定引导绿色发展的政策、战略、目标以及发展模式。

市场经济需要弱化政府的作用，而绿色经济却需要强化政府的作用。所谓强化，并不是政府干预或包办一切经济活动，而是根据绿色经济发展规律，实现经济效益与生态效益的统一。政府通过环境立法、税收、教育以及政策引导等手段实施"绿色"调控，形成经济社会发展战略，营造绿色发展氛围。比如，政府可以通过绿色税收制度对绿色经济活动来进行税收的减免，对有损绿色发展的活动，如"三废"排放、资源开采、林木采伐等课以重税。

（二）微观绿色管理方式

为了维持"生态－经济－社会"系统的良性循环，企业应该选择绿色的管理方式，变趋利型管理理念为绿色管理理念，引导企业承担应尽的生态环境责任与义务。

1. 现代经济管理

经济管理活动由来已久。工业革命之后的早期经验型管理实现了成本控制目标，促使企业利润获取的最大化，这种管理方式是建立在管理集权基础上的。以泰罗为代表创立的科学管理方式建立在"经济人"假设的基础上，认为人机之间的协调才是效率提高的关键，但这种管理方式是将人与冷冰冰的机器视为一体，实质上是扼杀了人的创造性。在美国芝加哥城郊的西方电器公司霍桑工厂进行的"霍桑实验"，使企业管理走出了人机管理方式的局限，进入了以人为中心追求协调人际关系的行为科学管理时期，但这种管理方式将企业效率的提高建立在人际关系协调上，这会使企业的组织创造性和管理能力降低。在日益激烈的竞争市场面前，更为科学的管理方式逐渐取代了行为科学管理方式。在第二次世界大战之后，系统理论开创了现代科学管理方式。它不仅注重企业内部人与人、人与物之间的协调，而且重视企业与外部环境诸因素之间的协调；不仅注重对整个管理过程的协调，而且对企业功能的协调也进行了探索。但是，这种现代企业管理方式仍然存在着一些严重缺陷，突出表现在不能有效协调人与自然的关系，不适应绿色经济发展要求，需要向绿色企业管理转变。

2. 微观绿色管理方式

根据学术界的研究可知，绿色管理包括五个基本内容：把环境保护纳入企业的决策要素之中，重视研究本企业的环境对策；采用新技术、新工艺，减少有害废弃物的排放；对废旧产品进行回收处理，循环利用；变普通商品为绿色商品，积极争取"绿色商标"；参与社区内的环境整治，推动对员工和公众的环保宣导，树立绿色企业良好形象。

作为一种新型的现代管理思想，绿色管理方式就是要把生态环境保护与建设的观念纳入企业经营与管理中。因此，绿色管理方式是企业按照可持续发展思想和环境保护的要求，形成的一种经营理念及所实施的一系列管理活动。微观绿色管理方式是以"生态人"（能与自然环境相协调，合理利用资源的自然人和法人）假设为管理原点、绿色价值观为导向、绿色技术创新为动力、企业绿色组织为保证、清洁生产为主线、绿色产品为核心，绿色营销为中介、绿色消费为依托、绿色认证为标准，经济效益和生态效益相统一为目标的一种全过程管理。从根本上说，绿色管理方式就是体现绿色价值观和绿色文明及其相应的策略和手段的管理方式。绿色企业的管理方式立足经济与生态环境之间的协调，追求各种资本形态之间的协调互动，力图创造出更高的整体效益。

四、绿色社会环境

绿色社会环境是一种社会发展与自然环境相和谐的社会氛围，要求各类社会主体都从合作、诚信、利他的角度出发承担"绿色"使命，共同构建和谐社会。绿色社会环境主要包括以下几个方面的内容：

第一，绿色文化环境。实践证明，文化环境对社会环境的影响至关重要，因此，文化、教育、新闻、出版等行业的"绿化"就成为营造绿色社会环境的"前沿阵地"。以科学的理论武装人、以正确的舆论引导人、以高尚的精神塑造人、以优秀的作品鼓舞人，是绿色文化环境的重要内容。

第二，安全卫生环境。包括良好的治安环境和食品安全环境，良好的医疗条件、人性化的医疗服务、全面的医疗政策等内容。生存权是人类的最基本权利，一个良好的安全卫生环境是人类生存的基本条件。

第三，公民"绿色"素质。绿色社会环境的深厚基础是具有绿色意识和良好素质的公民。除了一般意义上的社会公德，公民的诚信友爱、团结合作、真诚待人、爱护动物、维护环境、自觉节约资源等素质，都是建设绿色社会环境的基本要素。

绿色社会环境是有利于可持续发展、有利于提高生命质量和生活质量的理想的社会环境。绿色社会环境的实现和维护需要每个人的努力，需要每个人最大限度地承担社会责任，从而成为绿色社会环境的"守护者"。

第二节　绿色经济发展的实现机制

竞争机制是提高效率的最好手段，也是发展绿色经济的根本动力。绿色经济追求可持续发展，需要全人类、全社会共同决策、集体奋斗，因此合作机制同样是实现绿色经济的根本机制。

一、竞争合作机制

伴随着工业文明的发展，市场经济逐渐走向了成熟。在市场这只"看不见的手"的作用下，市场分配着资源、劳动力、资金、技术等各种要素，并决定着社会产品的生产、流通、交换和消费。在市场经济中，起决定性作用的有两个机制，即竞争机制和合作机制，其中竞争机制处于主导和核心地位。绿色经济的发展必须利用市场机制，同时对传统的市场机制要进行调整和完善，在充分发挥竞争机制作用的同时，要突出和强化合作机制的作用。相互协调的竞争与合作是推进可持续发展、发展绿色经济的根本机制。

（一）竞争机制

1. 绿色经济中竞争机制的有效性

市场经济的核心是竞争，既然选择了市场经济，就必须适应竞争。竞争可以显著提高经济发展效率，并在推动绿色经济发展方面具有重要作用。

亚当·斯密在《国富论》中对"看不见的手"的精彩论述，为竞争机制提供了合理的解释。并在市场经济中，每个经济主体都在力图使用较少的成本获取较大的生产利润。一般来说，市场经济主体并不关注公共责任和公共利益，生产利益才是他们追求的目标。

在斯密的论述中，"温和"的竞争会使整个社会呈现出一种有序的状态。市场经济中的每个主体都在追求个人的利益（对于生产者来说是利润最大化，对于消费者来说则是效用最大化），都从个人理性的角度进行决策。个人的理性选择最终会形成不理性的集体结果，从而损害社会公共利益。竞争机制影响着人们的行为选择，指导着人们生产什么、如何生产以及怎样生产，而价格机制和供求机制通过竞争机制调整市场中资源的配置，使其最终达到平衡状态。因此，西方自由主义者对于基于竞争的市场机制给予了很高的评价，因为古典经济学的规则具有很强的说服力。

竞争机制的最根本表现是其可以达到一种代表集体理性的选择最优，可以使资源效率达到最佳。绿色经济追求用最少资源，在最大限度上满足人的需求，这与竞争机制的内在机理具有一致性。从这个角度看，竞争机制能够为绿色经济的发展提供强劲的动力。

2. 绿色经济中竞争机制的局限

自由主义的竞争理论建立在严格的假设基础之上，但现实生活与其苛刻的假设条件无法吻合。因此，在市场实践中，竞争机制无法将资源配置到最优状态。自由竞争在特定情况下会存在"市场失灵"的现象，从而形成垄断等不利于公平竞争的市场现象。理论与现实的不一致，导致竞争机制无法实现资源配置的最优化，这也是竞争机制在绿色经济发展过程中存在的局限性问题。竞争机制的局限性与绿色经济的矛盾主要表现在以下几个方面：

（1）无法真正体现自然资源的"绿色"价值。市场将自然资源视为稀缺资源，可并没有将资源真正价值化。使用自然资源是有成本的，但是这种成本并没有体现出资源本身及其对人类发展的全部价值。过度使用资源不仅会导致资源的代际分配不公，而且会导致环境问题无法修复，并最终影响人类的发展。市场对自然资源的配置可以实现最优化，但由于没能体现出资源真正的价值，所谓的"最优"只能是传统经济学意义上的最优，并非社会发展意义上的最优。忽视资源价值的直接后果就是自然资源的浪费，大范围市场"失灵"现象不断出现，从而导致出现更加严重的环境和资源问题。

（2）无法真正体现出环境的"生态"价值。主流经济学认为市场经济是消费者主权社会，即消费者的"货币选票"决定着生产者生产什么、如何生产以及为谁生产。竞争机制可以让消费者以最低的价格购买到最满意的产品。但是，市场竞争往往迫使生产者采取各种办法降低成本提高产量，忽视资源的生态价值，从而造成一系列环境问题。

（3）无法有效地解决类似"公共地悲剧"的问题。在大多数情况下，人们消费产品都是必须付费的。但是，在对公共产品的消费上，消费者就几乎不用支付费用。每个理性的消费者在使用或消费这种产品时都想不付费或少付费，都有"搭便车"的动机。因此，在对一些公有资源或共有资源的使用上就产生了"公共地悲剧"。很多全球性问题正是由此引发，每个国家都只顾自身的发展，而忽视公共成本，最终引发了"公共地悲剧"。

总之，竞争机制与绿色经济之间既存在着内在一致性，表现为对效率的追求，又存在着内在的矛盾性，即个人理性并非总是同集体理性相一致。这种内在一致性使绿色经济可以建立在竞争机制基础之上，竞争机制的局限性又使绿色经济在运用竞争机制时，必须对其进行适当限制，通过设立规则和制度，在提高效率的同时可以实现绿色经济的目标。政府要把具有诸多局限的竞争机制用于绿色经济发展，关键在于市场转型和改造，即把忽视生态环境的市场转变为重视生态环境的市场，促使人们在绿色经济发展过程中进行竞争，或者说在发展绿色经济中引入市场竞争机制。事实证明，绿色经济如果拒绝市场竞争，那就难以发展。政府可以通过规则设定，建立有利于绿色经济发展的规则，促使绿色经济在与传统经济的竞争中获胜。当前，欧美国家的绿色贸易门槛，就是在国际自由贸易条件下"抑黑促绿"的具体办法，还有一些地方用市场办法筹集环保资金、促进生态建设，取得了许多成功经验。

（二）合作机制

在发挥竞争机制积极作用的同时，充分地、广泛地引入合作机制是协调个人理性与集体理性的最佳选择。在环境问题上，竞争机制往往陷入"囚徒困境"，导致出现了集体理性与个人理性之间的"悖论"，即每个生产者都在力图满足消费者的过程中追求着自身利益的最大化，但这个过程最终带来的却是整个社会福利水平的下降。如何解决这个问题？最有效的办法就是运用合作机制。

1. 绿色经济中合作机制的有效性

合作机制在市场经济中无所不在，这从市场中最基本的行为——交换行为中能够得到体现。如果没有合作，交换行为不可能产生；合作会使交换双方获得想要的利益，实现交换目标，达到"共赢"的目的。合作的目的就是追求合作收益的最大化。

可持续发展是人类社会集体理性的选择结果。它在很大程度上与个人理性——即生产者对利润最大化的追求、消费者对效用最大化的追求不一致。这里的个人理性不仅只是指单个主体，在很多情况下，面对人类的集体理性选择——可持续发展，单个国家或地区也会为了自己的利益（不论是政治利益还是物质利益）而选择与集体理性不一致的决策和行为。这就不难理解有些国家为了自己的利益而将生态环境危机转嫁到其他国家的行为。为了实现集体理性与个人理性的统一，有效抑制个人理性的消极作用，就必须发挥合作机制的作用。合作机制也是发展绿色经济的根本机制。

2. 多层次的绿色合作机制

合作包括多层次的合作，全球合作是最高层次的合作。此外，还有国与国之间的合作、一国或地区内部各种行为主体之间的合作。地区内部如欧盟等地区内的合作，就有力促进了当地绿色经济的发展。国与国之间的合作是绿色经济发展的关键，如果国与国之间在一些关键问题上达不成一个有效合作与协调，那么，单纯一个国家或地区的绿色经济的发展将是不现实的。国家内部的合作是推动绿色经济发展的强大力量，相对来讲比较具体，易于操作。任何一个合作行为都离不开微观主体的参与，经济活动主体之间的合作是发展绿色经济的现实条件。

最高层次是全球性合作，只有全球合作才能实现人类对绿色经济发展的追求。人类生活在同一个星球上，任何对地球环境的破坏行为，都将影响人类的生存和发展质量。1972 年，斯德哥尔摩举行的联合国人类环境会议通过的决议明确指出，实现可持续发展必须加强国际合作。其中，第 22条指出，各国应进行合作，以进一步发展关于一国管辖或控制范围以内的活动对其管辖范围以外的环境所造成的污染，及其他环境损害的受害人承担责任与赔偿问题的国际法；第 24 条指出，有关保护和改善环境的国际问题应当由所有的国家，不论其大小，在平等的基础上本着合作精神来加以处理，必须通过多边或双边的安排或其他合适途径的合作，在正当地考虑所有国家的主权和利益的情况下，防止、减少或消灭和有效地控制各方面的行动所造成的对环境的有害影响。

虽然合作是"双赢"的事业，对各个国家都有利，但是由于每个国家的发展阶段不同、追求目标不同、发展理念不同，国家之间往往很难达成共识。比如，为了营造良好的大气环境，需要减少碳排放量。1997 年，签订的《京都议定书》要求各国都限制碳的排放量。但是，2001 年，美国总统布什一上台即宣布退出《京都议定书》，也就是说不执行减少碳排放量的约定。美国的碳排放量占世界总量的1/4，美国的退出意味着其继续增加碳排放量的行为仍将继续，大气中的二氧化碳浓度将继续增加、气温继续上升，这样做的后果当然是可怕的，对地球和人类危害极大。这也说明，没有全球环保合作，绿色经济将很难发展。

在传统工业文明社会，对公共资源（全球生态环境、大气层等）的使用，每个国家都选择了对自己最理性的方案。这个选择对一个国家或地区来说是理性的，但是对整个人类来说却是不理性的。如果各个国家能够肩负起自己的生态责任，在维持生态系统的平衡、保护生物多样性、减缓温室效应、加强环境保护等方面选择合作，则会形成一个集体理性的结果，就会提高人类生存和发展的质量。合作建立在合作方彼此信任的基础之上，需要参与方都放弃一些既得利益。要想解决经济社会的发展与利用自然环境之间的尖锐矛盾，首先就要化解人与人之间的矛盾，要消除对立，积极合作。

与全球合作相比，微观合作行为则具有广泛的可行性。生产者与消费者之间的合作，即消费者积极选择绿色产品，这必然会促进生产者向绿色生产领域靠拢。消费者与消费者之间的合作，有利于形成良性互动的绿色生活和生产方式，使双方共同受益。生产者与生产者之间的合作，可以更充分地开发利用资源，以更少的资源投入获取更多的生态效益。

总之，无论是竞争机制还是合作机制，都是实现绿色经济的根本机制。在这里，竞争机制可以在对有限资源的使用上提高效率，但却无法避免不公平问题的产生和无法真实反映出资源环境的价值。合作机制可以有效实现个人理性与集体理性的统一，但在对资源的配置上却有可能无法实现更高效率目标。因此，绿色经济的发展需要两个机制的互补与协调，需要两者的有机统一。

二、动力系统机制

绿色经济的发展要求转变传统经济发展理念，单一动力无法帮助市场和消费者转变理念，必须依靠多元动力形成合力。

（一）动力系统的四种基本力量

绿色市场、绿色政府、绿色非政府组织和具有绿色意识的公众，构成了促进绿色经济发展的基本力量。

1. 动力机制之一：市场

市场是实现资源配置的最基本手段。传统的市场经济模式把生态和环境问题排斥在外，在生态资源领域内存在配置失衡的问题，比如价格机制中没有包含生态与环境的价值，片面追求个体利益最大化（效用最大化、利润最大化）。因此，作为发展绿色经济的基本动力，必须对市场机制进行完善，建立绿色市场体制，为绿色经济的发展奠定坚实的基础。

绿色市场体制建立了规范化的绿色门槛，统筹配置包括生态资本在内的系统资本和要素，为企业追求生态效益提供内生动力。要建立一种实事求是的市场，即要有一个和市场相对应的、不受市场自发调节影响的管理机制来调控市场。实事求是的市场是指将生态与环境包括进来的市场，是一种倡导生态文化、建设生态文明、实行生态革命、消灭生态赤字、克服生态危机的市场。

绿色市场可以通过价格、税收、准入制度等多种手段，解决资源的利用和保护、土地的合理开发、大气层的保护等生态问题。比如，政府鼓励对新能源的开发利用以及产业化，尤其是对风能、太阳能、地热能以及氢能的开发利用。政府还可以通过适当控制和限制对煤炭、石油等传统能源的使用，有效节约资源。从根本上来说，保证企业在绿色经济领域的盈利能力，是促进绿色经济稳定、持续发展的基础。

2. 动力机制之二：政府

绿色经济发展遇到的最大障碍，是传统市场思维和运行机制的强大惯性，单靠市场机制很难克服这种惯性。要抑制市场惯性，仅靠市场的自发调节是无法实现的，必须依靠外部力量。政府作为市场宏观调节的主体，是关键性的导向力量，在市场机制转变过程中能够发挥巨大的作用。

政府可以通过各种手段限制或鼓励对资源的利用和开发。在涉及生态安全领域，要制定完善资源、生态与环境损失的补偿机制，尽可能地用所得补偿所失。政府可以通过创设适合绿色经济健康发展的制度政策环境，促进经济和社会的可持续发展。作为具有强制力的管理主体，政府在绿色管理中应该利用一些强制性手段打破传统市场理念，创建一个良好、健康的政策氛围，适当地运用鼓励和惩罚手段促进绿色经济发展。任何一个经济发展目标的实现，制度的建设都至关重要。建立一套与经济发展目标相匹配的规章制度，使环境保护、污染治理、节约能源与提高效能等经济行为制度化，是政府保护国家和地区生态安全的重要手段。

3. 动力机制之三：非政府组织

发展绿色经济不仅是一个国家的问题，而且是一个全球性的问题，需要具有广泛群众基础的非政府组织的积极参与。非政府组织是绿色经济发展的社会性推动力。

非政府组织一般是指非营利的、带有志愿性的致力于社会公益事业的社会组织。在绿色经济社会中，存在着三种资源配置机制，即由营利性的企业组织形式运行为主的市场机制、由政府对市场的纠错机制和宏观调控机制为主的计划机制和由非营利性组织运行为主的社会机制。一般来讲，市场主体的目标是寻求经济利益的最大化，政府的目标有可能会因此而偏离整个社会所追求的目标。社会机制的主要力量——非政府组织不存在逐利行为，因此可以相对公正地约束企业生产行为，并监督政府市场行为。

非政府组织在全球范围的兴起与发展，是对"市场失灵"与"政府失灵"作出的反应和回答，它以不同于市场组织和政府组织的调节作用，为发展绿色经济提供了新动力。非政府组织在推动绿色经济发展方面至少具有三大作用：

（1）有效监督作用。非政府组织与政府部门并没有利益冲突，且采取与广大群众联系更紧密的方式推进政府工作。例如，绿色非政府组织不以营利为目标，而致力于环境保护。它一方面可以监督政府部门的决策与行为，另一方面可以监督企业的行为。

（2）上下沟通、双向互动作用。非政府组织本身就是由公众参与的一种直接方式。在绿色经济中，具有广泛群众基础的非政府组织的参与，可以为政府部门的科学决策和民主决策提供信息依据。非政府组织的广泛群众基础，不但是对政府职能实施的有益补充和必要配合，而且也是政府与社会沟通的重要桥梁。

（3）较强的宣传动员作用。一个非政府组织往往由众多志愿者组成，绿色组织中的环保志愿者人数更多。非政府组织有自己的一套运作比较成熟的宣传网络。非营利组织围绕绿色经济，通过各个平台向全社会传播环保理念与生态文化。

自20世纪80年代以来，非政府组织在全球范围如火如荼地发展，正说明了社会力量对可持续发展的巨大推动作用。在中国，非政府组织（也称为社会团体、民间组织、非营利组织或第三部门）发展很快，并在改善环境和推动生态问题的解决方面发挥着越来越大的作用。

4．动力机制之四：公众

发展绿色经济，构建全新的适合人类生存发展的生态文明，必须积极宣传、唤起公众的环保意识，充分发挥公众参与的社会性基础动力作用。

公众参与是政府管理的主要推动力，公众的参与程度直接体现着一个国家环境保护意识和生态文明水平，决定着一个国家绿色经济整体发展的水平。

发展绿色经济是集体理性的选择，它是集体决策的结果，需要每个人都从社会责任出发，进行正确选择，共同采取行动。拥有良好的生态环境和生存环境，是人类的共同利益和理想，事关公众的切身利益。公众是环境污染和生态失衡的直接受害者，而随着经济社会发展水平的提高，公众的环境意识也在不断增强。从根本上看，公众是绿色经济发展的最大受益者，与绿色经济的生态利益具有内在一致性，因而也是推进绿色经济的基础力量。市场、政府和非政府组织对绿色经济的推动作用，最终都是建立在公众推动这个基础之上并以公众利益为根本目的和动力源的。

（二）四种力量的互动整合

动力机制主要通过内在的激励与约束机制发挥作用。怎样使企业主动发展绿色经济？关键在于使其在发展绿色经济过程中获得利润。政府自觉推动绿色经济发展的内在动力来自于社会压力和公共责任；非政府组织的动力一是出于理想追求，二是其所代表的利益群体；公众的动力来自切身利益和绿色意识。

发展绿色经济，需要市场、政府、非政府组织与公众积极参与和密切合作。无论是市场力量、政府力量还是社会力量，都是推进绿色经济发展的基本动力源。它们既具有一致性，也存在矛盾性。如何对四种力量进行优化整合，使每种力量都能充分发挥推动作用并形成合力成为推动绿色经济发展的关键。

在市场环境中，行为主体的本性是逐利的，遵循利益最大化原则。政府的目标是追求社会福利最大化。当市场主体的目标与政府目标发生冲突时，政府将会通过各种手段如政策、制度等约束市场主体的选择，使之在追求自身利益的同时兼顾公共利益。但是，在很多情况下，政府对市场主体的制约作用会受到一定限制，因此，介于市场与政府之间的第三方力量——非政府组织的出现就成为必然。在绿色经济的发展过中，非政府组织可以看作是公众利益的代表者，它具有特定的理想和追求，并代表了公众的利益。

虽然四种力量之间存在着目标冲突，但每种主体力量在追求自身目标的同时，都会对其他三种力量形成一定制约和激励。这种相互间的制约与激励恰恰形成了绿色经济动力系统，绿色经济只有在四种力量的合力推动下才能得到发展。

第七章 资源经济绿色转型的现实探索

第一节 绿色金融促进资源经济转型发展

一、绿色金融概述

（一）绿色金融的重要性

1. 绿色金融已成为我国供给侧结构性改革的重要内容

生态环境问题，归根到底是发展方式的问题。金融作为现代经济发展的核心，能够在促进绿色经济发展方面发挥重要作用。发展绿色金融就是要以市场化原则引导激励更多的社会资本投入绿色产业，鼓励金融机构提供更多绿色金融产品和服务。随着绿色金融标准体系、绿色数字基础设施建设、绿色产品创新体系和绿色激励约束机制的建立和完善，绿色金融不但成为我国供给侧结构性改革的重要内容，而且成为推动我国经济社会高质量发展的强大内生动力。

2. 绿色金融已成为中国高质量发展的重要国际标识

2016 年，中国担任二十国集团（G20）主席国，首次将绿色金融引入 G20 议程。自 2016 年以来，在我国积极倡导和推动下，绿色金融议题连续纳入 G20 峰会重要议题，为加速绿色金融的国际化作出了贡献。由中国人民银行及其他国家央行和金融监管机构组成的央行与监管机构绿色金融网络（NGFS）成员单位快速增加，中国在绿色金融领域发挥的作用越来越大。我国还与欧盟等经济体共同发起可持续金融国际平台（IPSF），积极利用"一带一路"倡议促进绿色投融资合作，如中欧、中英、中法高级别财金对话等多边和双边平台，向全球积极宣传中国的绿色金融政策、标准和成功经验，为推动实现《巴黎协定》和联合国 2030 年可持续发展目标贡献中国力量。

同时，中资金融机构也在国际上积极投身绿色金融。国家开发银行于 2017 年发行了首笔中国准主权国际绿色债券。兴业银行 2018 年绿色债券发行量占全年中国发行量的 23％，成为全球第二大绿色债券发行人。中国工商银行与"一带一路"国家银行间建立常态化合作机制，相关成员共同发布"一带一路"绿色金融（投资）指数框架。中国光大集团与欧洲复兴开发银行等金融机构联合发起设立"一带一路"绿色投资基金。中资金融机构的积极主动参与，为绿色金融在世界范围内的迅速发展作出了贡献。

目前，我国本外币绿色贷款余额已超过10万亿元人民币，存量规模居世界第一位；绿色债券存量规模1.2万亿元人民币，居世界第二位。在绿色金融标准方面，我们正按照"国内统一、国际接轨"的原则，稳步推进1项国际标准、1项国家标准、5项行业标准的制定工作，这将为在全球范围内规范绿色金融业务、确保绿色金融实现商业可持续性、推动经济社会绿色发展提供重要保障。

3. 绿色金融将成为后疫情时代绿色复苏的重要支撑

自2020年以来，受新冠肺炎疫情影响，全球经济正在遭受严重的冲击，对绿色发展也形成了不利影响。积极探索新的绿色复苏道路，引领后疫情时代世界经济绿色变革的方向，具有重大现实意义。

绿色金融成为我国经济绿色复苏的重要手段。绿色复苏是经济社会发展与生态环境保护"双赢"的一种经济发展形态，绿色金融将在绿色复苏中发挥重要作用。从短期看，有利于绿色变革的投资增长是推动复工复产、做好"六稳"工作、落实"六保"任务的有效途径。从中长期看，更多考虑环境、社会和治理（ESG）因素开展的绿色投资，是培育我国经济新增长点、增强经济发展韧性和可持续性、走向高质量现代化发展的内在要求。

绿色金融支持的复苏将有助于金融稳定和国际合作。一方面，绿色金融的终极目标是要促进绿色发展，绿色复苏将能够确保经济发展和金融体系运行的质量，避免因环境变化导致出现的风险积聚问题，逐步释放资产搁浅风险。据测算，为实现2℃温升目标，全球约3/4的煤炭储量和大量石油、天然气资产将被搁浅。另一方面，绿色复苏有助于推动国际务实合作，维护多边主义和全球化。目前，在欧盟推出的总规模7500亿欧元的抗疫复苏基金中，有近1/3的资金将用于应对气候变化等绿色投资上。实施绿色金融支持的绿色复苏政策，将有助于进一步推动我国与世界各国在可持续发展领域的国际合作。

（二）绿色金融的定义和标准

目前，有许多与绿色金融相类似的概念，如可持续金融、低碳金融、碳金融、环境金融、气候金融、生态金融等。这些概念在内容上各有侧重，例如，有的关注金融活动中的环境和社会风险管理，有的关注投资的生态保护和环境影响，也有的关注气候变化和适应，还有的关注排放权交易市场的。尽管如此，它们在本质上是一致的，即通过金融政策和产品创新来支持绿色经济的发展。因此，我们把所有既支持"同自然环境匹配的经济体系"，又支持"对环境产品和服务的投资"的金融制度和活动统称为绿色金融。

绿色金融目前在国内外广受关注，并呈现出各相关利益方共同参与和推动的趋势。国际机构、非政府组织以及研究团体纷纷开展相关研究和讨论，并通过推出一系列国际规范、标准和倡议，以鼓励绿色投资，规范金融机构的环境和社会表现。

按内容分，绿色金融的标准可分为四类：①防范和管理在金融活动中出现的环境和社会风险，目前的标准大多针对这个内容；②鼓励向在绿色经济产业和项目投资与授信，这是本章所重点关注的内容；③降低在自身运营过程中占用能源消耗和环境影响，我们称为"碳足迹"或"生态足迹"；④加强金融机构在可持续方面的公司治理、信息公开和社会参与程度。

按制定标准的机构，绿色金融的标准可分为四个方面：①国际机构制定的标准，如联合国全球契约（Global Compact）、联合国环境规划署金融行动机构（UNEPFI）的相关承诺等；②由国际或地区性开发金融机构制定的标准，如世界银行的《环境、健康与安全指南》、世界银行集团国际金融公司（IFC）的《环境、社会和治理绩效标准》等；③由行业组织或金融机构发起制定的标准，如项目融资的环境国际规范《赤道原则》等；④由各国政府或其监管部门制定的并具有一定强制力的绿色金融国家标准，如中国、巴西、尼日利亚、肯尼亚、越南、蒙古等国制定的国家标准。

要使政策和标准得以有效实施，有三条经验可以借鉴。

第一，要具有权威性或一定的强制力，如由中国银监会这样的政府监管部门制定。这是发展中国家推行绿色金融的重要经验。

第二，要符合金融活动的实际情况和运作规律。标准的制定必须要实事求是，不可主观臆断和脱离实际。例如中国银监会在制定《绿色信贷统计制度》时，召开了数次座谈会，听取了政府部门、金融机构、国际组织、行业专家等意见，并选择部分银行进行了试填报，以期最大限度地反映实际情况和社会上的不同意见。

第三，要有配套的实施细则和激励机制，因为任何政策和标准贵在执行和监督。中国银监会在颁布《绿色信贷指引》后，又陆续制定了相应的统计制度和关键绩效指标。这样既有助于银行实施指引，又便于银监会监管。

（三）绿色金融在绿色经济中的新含义

绿色经济的具体行动领域，包括绿色经济导向的新型工业化、新型城市化和新消费模式。投资这些领域，对经济的驱动和就业机会的创造，是难以用从单个项目的投资规模和价值评估来衡量的。这需要一个更高层面和更宽视野的投资概念，即宏观经济意义上的投资。

这一提法将绿色金融从主体、内容和模式上都进行了提升。首先，从行为主体上看，绿色金融已不再是纯粹的金融机构业务活动了，更强调政府和其他利益相关方在推动绿色金融发展中所发挥的直接和间接作用。其次，从内容上看，绿色金融不但包括绿色信贷、绿色保险、绿色证券、绿色投资等市场行为，而且包括税收补贴、由财政资金设立的绿色投资基金、由公共资金主导的绿色投资银行，以及国内和国际开发性金融机构的相关业务。最后，从模式上看，绿色金融更强调政府、金融机构和企业的多方共同参与，更强调公共资金对私营部门资金的引导和撬动作用，如政府和社会资本合作（PPP）模式等。

二、绿色金融的模式创新

（一）公共部门绿色金融的实践与创新

绿色金融有别于传统金融业务之处就是真实反映投资项目的环境收益和成本，在决策中对环境外部性进行考量，而这仅仅依靠市场机制是不够的。政府对绿色产业的扶持和对环境问题的监管，是推动绿色金融发展的重要保障。联合国环境规划署提出，政府要鼓励有利于绿色经济发展的投资和消费行为、克服环境外部性和市场机制失灵、限制在过度消耗自然资源领域中的政府投入、建立健全监管机制等。

公共部门的绿色金融可以分为三类：由政府的财政和产业政策所激发的绿色投资，由政府通过开发性和政策性金融机构或专门建立的绿色投资银行和绿色基金所进行的直接投资，通过国际合作开发的绿色金融业务。以下分别予以介绍。

1. 政府激发绿色投资的公共政策

政府通过产业政策和财政手段，直接推动绿色经济发展，从而促进绿色金融的发展，是最常见也是相当有效的举措，其主要有产业政策、财政政策和政府采购政策三种。在这里，我们把这些政策同绿色金融联系起来解读。

（1）产业政策。产业政策是国家制定的，引导国家产业发展方向、引导推动产业结构升级、协调国家产业结构、使民经济健康可持续发展的政策。产业政策主要通过制订国民经济计划（包括指令性计划和指导性计划）、产业结构调整计划、产业扶持计划、财政投融资、货币手段、项目审批来实现。产业政策是政府为了实现一定的经济和社会目标而对产业的形成和发展进行干预的各种政策的总和。产业政策的功能主要是弥补市场缺陷，有效配置资源；保护幼小民族产业的成长；熨平经济震荡；发挥后发优势，增强适应能力。

（2）财政政策。财政政策往往与产业政策配套实施，如对绿色产业项目给予贴息、免税和价格补贴等，引导生产和消费。财政手段在绿色建筑、工业节能等领域的使用相当普遍。如国内 2012 年奖励标准为：二星级绿色建筑 45 元每平方米（建筑面积），三星级绿色建筑 80 元每平方米（建筑面积）。美国俄勒冈州的波特兰市则设立鼓励发展绿色建筑的"碳综合税制"。即向新建设项目征收建筑许可费（碳费），如果建筑的效能超过了该州的最低效能标准，所收取的碳费则相对减少。英国则对节能绿色住宅给予印花税减免的优惠，并通过财政补贴给低收入、残疾人和老年人家庭的旧房改造提供资金支持。日本政府对开发节能建筑项目和购买、安装与使用节能设备提供贷款贴息和贷款担保，并提供一定比例的税收减免优惠和提取特别折旧优惠，对科研机构开发节能技术和国民购买节能产品提供高额补贴。

（3）政府采购政策。通过政府支出和公务消费来带动绿色产业的发展。根据中国财政部公布的数据，2013 年中国在节能环保产品政府采购方面，优先采购节能、环保产品规模分别达到 1839.1 亿元人民币和 1434.9 亿元人民币，占同类产品的 86％和 82％，比上年同期分别增加 558.4 亿元人民币和 495.3 亿元人民币，增幅达 43.6％和 52.7％。政府采购节能产品清单和环境标志产品清单范围也进一步扩大。欧盟明确地提出了绿色公共采购（GPP），要求成员国政府机构 50％以上的采购购买绿色产品，签订绿色合同。而美国早在 2005 年就颁布了联邦采购规则，以强调绿色采购。

2. 政府直接投资

政府对绿色经济的直接投资可通过国家政策性或开发性银行、绿色投资银行、绿色投资基金等形式来实现。这些模式既可维护商业利益，又注重社会和环境的发展，其项目在带动绿色经济发展中所起到的示范引领作用及其资金在撬动私营部门向绿色项目投资中的作用非常大。

（1）开发性和政策性金融机构的绿色金融业务。在中国，国家开发银行（以下简称"国开行"）具有开发性金融机构的显著特征，政策性银行是指中国进出口银行和中国农业发展银行。这三所金融机构主要服务国民经济发展和国家宏观政策的落实。

在绿色金融方面，国开行积极支持水污染防治、大气污染防治、循环经济、工业节能等社会重点领域项目。国开行的绿色金融业务以中长期贷款为主，并结合投资、租赁、债券、投行业务，包括碳排放权交易咨询、排污权质押贷款、建筑节能融资、规划贷款（支持清洁能源项目的前期规划）、融资租赁（支持节能环保设备租赁）、项目投资（风电项目建设）、短期融资券（节能环保类运营企业）等。

中国进出口银行则形成了以转贷款为先导、以进口信贷固定资产贷款、出口卖方信贷为支撑、以其他创新类产品为补充的多位一体的支持节能环保信贷产品体系。中国进出口银行还与日本国际协力银行和瑞穗银行于2013年11月发起设立了中日节能环保投资基金。此基金首期规模为10亿元人民币，将重点投资中日两国节能环保领域的合作项目，主要通过引进日本的先进设备、材料、技术、研发成果以及企业管理模式等方式，促进国家节能减排目标的实现。

（2）绿色投资金融机构。作为公共部门资金支持绿色经济发展的创新，英国、荷兰、澳大利亚等国用财政注资成立了专注投资绿色产业的金融机构，并以此吸引私有部门资金的投入。2011年，荷兰宣布成立绿色投资公司（Green Investment Corporation，GIC），旨在通过对建筑节能和可再生能源的投资，来推动荷兰经济的可持续增长并创造就业机会。2013年，澳大利亚政府成立了清洁能源金融公司（Clean Energy Finance Corporation，CEFC），加大对可再生能源、能效和低排放技术项目的投资力度。2013年6月，日本环境省宣布建立日本绿色基金（Japanese Green Fund），初始规模为14亿日元，旨在投资解决全球变暖与削减碳排放的问题商业活动。日本绿色基金将会投资那些私人投资占一半的项目，以支持由本地公司和金融机构发起的项目。而美国纽约州则在2013年9月设立了纽约绿色银行（New York Green Bank，NYGB），希望通过与私营投资部门的合作来解决清洁能源融资市场的障碍，以及通过如信用增级、项目整合和证券化等方法来增加清洁能源市场的整体可利用资本。

中国正在就绿色投资银行的机制进行国际交流和探索研究。2014年7

月，中国人民银行研究局首席经济学家马骏建议成立绿色银行，以绿色债券为主要融资来源，推动绿色投资增长，实质性地缓解环境污染问题。绿色银行将会专注特定行业和项目的融资，主要投资领域包括大型的环保、节能、新能源和清洁交通（包括地铁）项目等。

3. 通过国际合作创新发展绿色金融业务

传统的国际开发性金融机构，如世界银行及世界银行集团的国际金融公司、亚洲开发银行、非洲开发银行、泛美开发银行等，都以帮助发展中国家经济增长和消除贫困为主要目的，既提供资金又给予技术援助。以世界银行（以下简称"世行"）为例，世行向发展中国家提供低息贷款、无息贷款和赠款，用于支持对教育、卫生、公共管理、基础设施、农业以及环境和自然资源管理等诸多领域的发展。部分世行项目由政府、其他多边机构、商业银行、出口信贷机构和私营部门投资者联合融资。

与国际开发性金融机构开展绿色金融合作，不仅可以获得资金和担保，还可以获得技术支持，更重要的是引进了国际最新理念和产品创新。中国银行业已广泛地开展了这方面的探索工作，如交通银行与世行天然气温室气体减排交易项目合作，在广东、山西探索开展清洁发展机制（CDM）；上海浦东发展银行与亚洲开发银行合作的建筑节能特色融资产品，与世行合作在上海长宁区开展的建筑节能改造项目；华夏银行利用全球环境基金（GEF）支持节能设备制造商、节能项目施工企业、节能服务公司、耗能企业的减排项目；招商银行与法国开发署（AFD）合作开展能效与可再生能源绿色中间信贷项目等。

而金砖国家（指巴西、俄罗斯、印度、中国和南非）开发银行（以下简称"金砖银行"）和亚洲基础设施投资银行（以下简称"亚投行"），也将在推动绿色经济发展的国际合作方面发挥重要作用。在 2014 年 7 月 15 日举行的金砖国家领导人第六次会晤期间，金砖五国的财政部长签署了成立金砖国家开发银行的协议，以支持金砖国家及其他新兴市场和发展中国家的基础设施建设和可持续发展。银行的核定资本为 1000 亿美元，初始认缴资本为 500 亿美元，并在金砖国家之间平均分配。

（二）绿色金融发展中的多方参与和模式创新

虽然绿色金融发展的主体是金融机构，但金融机构还是需要在风险可控、商业可持续的前提下开展相关业务。因此，推动绿色金融发展仅仅依靠银行和投资机构的金融产品创新是远远不够的，政府的体制机制创新和企业的商业模式创新也是关键因素。

1. 推动绿色金融发展的体制和机制创新——政府和社会资本合作（PPP）模式

绿色产业，特别是可再生能源、绿色建筑、低碳交通、智能电网等，均属于投资大、回收期长、风险大、资金缺口大的基础设施项目。政府要吸引私营部门资金的投入，PPP 模式是一个有益的尝试。2013 年 9 月，财政部部长楼继伟在召开的"第 20 届亚太经合组织财长会议"上表示，在当前私营部门修复资产负债表，公共部门财政困难的情况下，应通过 PPP 等方式积极调动私人资本参与基础设施发展。

从国际经验看，在 PPP 模式下，首先，政府将基础设施建设的投资与服务提供绑定为一个长期合约，交由私营部门执行。私营部门负责管理项目的投资和建设；其次，在一个较长的时间内维护和运营项目，并以项目收入偿还其投资额和维护运营费用；最后，在合约到期后将项目交还给政府。在 PPP 模式中通常会成立特殊目的实体（Special Purpose Vehicle，SPV），由机构或私人股权投资者经营管理。无 PPP 模式下的融资方式在项目的生命周期各阶段是不一样的，包括股权投资、银行贷款和长期债券，会根据项目风险的变化而改变。

在 PPP 模式下，公共部门（政府）和私营部门的定位与责任是十分明确的：

（1）PPP 模式中 SPV 成立和项目建设的出资者是私营部门，出资方式主要股权投资，辅以贷款和债券，政府很少投入。PPP 模式是以政策支持和少部分的公共资金来撬动私营部门资金，鼓励社会资本向项目投资。

（2）SPV 为政府提供基础设施建设和市政服务，政府优先采购其服务产品，并支付服务费用和给予适当补贴，两者之间属于纯粹的合约关系。在合同期之后，私人收回投资，项目所有权转给政府。实施 PPP 模式，要求政府的行政管理职能和社会服务功能分离，鼓励私营部门投资并提供社会服务，政府再向私营企业购买服务。

（3）SPV 是经营主体，项目的融资、建造、运营、管理等均由其承担，SPV 收入来自政府购买服务和其他用户所支付的使用费，一切债务由其自行承担，收益与责任、风险相当。PPP 模式的经营主体自主经营、自负盈亏，独立于政府之外，更不会以财政资金作为担保。

因此，PPP 模式成功的前提是政府体制和机制的创新，即政府融资模式的多元化和市场机制充分发挥作用等。2014 年 12 月 4 日，国家发展和改革委员会发布了《关于开展政府和社会资本合作的指导意见》，就在中国国情下开展PPP 模式提出了实施意义、主要原则、项目范围及模式、工作机制、管理方法、政策保障和工作步骤等，为中国全面开展 PPP 工作模式提供了政策导向。

2. 推动绿色金融发展的商业模式创新

推动绿色金融发展，政策支持和金融创新固然重要，而绿色产业中的企业和项目才是真正的原动力。金融是为实体经济服务的，投资和授信决策也取决于项目的盈利能力和市场前景。因此，企业应充分运用绿色产业扶持政策，创新盈利模式，拓宽市场渠道，并与金融机构和资本市场紧密结合，充分运用合同能源管理、资产证券化、结构融资等方式，以不断获得新的资金支持。在这方面，美国的光伏企业 Solar City 的经营和融资模式非常值得借鉴。

三、绿色金融发展现状

（一）绿色金融的特点和趋势

目前，我国对绿色金融的研究仍然处于起步阶段，国外在环境金融产品的设计和风险控制上已趋于成熟。国外的许多银行，已经把环境因素纳入"绿色"贷款、投资和风险评价程序。环评报告已经成为会计报表核心内容的一部分，所形成的绿色会计报表也得到大量应用。越来越多的国外大银行会减少对污染物排放超标企业的信用额度，同时对具有环保性质的企业可以获得绿色抵押贷款。但我国的绿色金融未成系统，实践基本还处于绿色信贷层面，实质上的绿色信贷只代表绿色金融的小部分内容和低级阶段，绿色金融还包括更高级的金融衍生品和规范化、标准化的运行模式。

（二）绿色金融在我国的发展现状

1. 绿色信贷

绿色信贷是国家生态环境部、中国人民银行、银监会共同推出的绿色金融核心政策，各商业银行以企业环保守法情况来审批贷款，在鼓励环保企业发展的同时，遏制高能耗高污染企业的发展。通过环境经济手段，加强环保、民生建设，优化金融市场资金配置，促进实体经济转型升级。2016 年二季度末，我国 21 家主要银行业金融机构绿色信贷余额占各项贷款余额的9.0%，节能环保项目和服务贷款余额为 5.57 万亿元人民币，节能环保和新能源等战略性新兴产业贷款余额为 1.69 万亿元人民币。随着我国金融市场的发展和绿色金融的创新深化，加上政策环境方面的支持，绿色信贷在做好产品设计和风控的情况下，需要进一步向环保产业倾斜。

2. 证券市场

我国资本市场已经成为全球主要的资本市场之一，市值和成交金额逐年快速增长，为促进发展绿色金融能构建出极大的融资平台。截至 2020 年 11 月 26 日，A 股上市公司家数已经达到 4100 家。其中，A 股上市公司数突破 1000 家是在 2000 年，2010 年突破 2000 家，2016 年突破 3000 家，2020 年 9 月突破 4000 家。

四、绿色金融服务促进资源经济转型升级的对策

（一）金融政策助力转型升级

当前，我国经济结构性失衡、产业结构不协调和高能耗等因素严重制约着我国经济运行质量、经济转型升级水平和产业竞争力的提高。随着我国各行业产业转型升级的需求提升，促进经济绿色转型的呼声不断加大，缓解资源、环境和劳动力供给等传统型产业制约条件以促进产业结构调整成为促进产业转型发展的必然选择。通过绿色金融政策来助推产业结构优化升级，是大势所趋。农业基础地位不变，引导第二产业向绿色发展，坚持自主创新、科技创新，鼓励第三产业发展，提高环境利用效率，发展环境友好型的绿色经济社会。国家政策不断鼓励绿色金融的发展，大力发展新型能源和清洁能源，而资源型地区可以通过置换模式，和外部区域交换所需资源，同时，发展内部循环经济，加快形成环境效应和经济效应并重的新型经济模式。政府相关部门加强环境整治监管，加大环境保护力度，优化生态环境和产业的空间布局，统筹规划城乡区域产业协调发展的新格局。

（二）绿色金融产品创新

金融机构要在借鉴国外经验的基础上，抓住绿色金融发展潮流的机遇，积极探索金融产品、服务与管理模式的开拓创新。银行融资和资本市场是绿色金融发展的主要资金来源，银行在互联网时代的冲击下，积极促使自身的"金融互联网"化，建立符合银行监管的互联网金融模式，开发绿色信贷和绿色理财产品，更便捷、高效地服务政府和企业间的绿色项目；资本市场首先需要支持"绿色"企业的上市，在符合证监会等监管机构的要求下给予此类企业以政策

优惠。此外，要积极创新绿色金融产品和碳排放量等金融衍生产品，让资金更迅速、更精准地流入绿色产业。在产品创新的同时，要继续规范和完善风控体系和监管体系，将环境因素引入到评估体系，对绿色产品和政策、环境风险评价体系要有统一的行业标准。各金融机构要积极为绿色企业提供资产管理、融资理财、财务顾问等金融服务，并对相关服务作出有益绿色金融发展的探索和创新。基于此，保险业也要创新节能环保的新险种和保理机制，要针对绿色产业资产和产业发展创新保险业务。

（三）加强金融市场风险管理

在产业转型升级过程中，新项目建设和技术创新都会存在很大的风险。这需要风险管理策略进行转移和分化风险，以降低投资主体的一系列融资风险，保护投资者的利益。同时，项目的分散化投资和风险投资的退出机制都有利于转化和降低风险，不仅保护投资主体的利益，而且可以大大提高投资者的积极性，构建出良性的资本循环系统。特别是要按照国际绿色金融风控标准惯例，科学规范地进行行业监督和市场监管。完善金融监管体系，提高防范和控制金融风险水平，给产业转型升级营造出一个有序的市场环境。

（四）鼓励绿色信贷

绿色信贷规模的有序发展，提高了对绿色产业发展的支持，有利于加强环保、民生建设，优化金融市场资金配置，促进实体经济转型升级。近年来，我国环境污染治理方面的投资在逐年上升，产业慢慢向绿色发展靠近，这符合了当今支持绿色产业发展的大趋势，也是一个必然的发展结果。在我国金融服务体系中，商业银行的间接融资占据了极高的比重。在发展绿色金融的政策背景下，商业银行开展环境友好型经营融资业务正成为一个重要的发展方向。所以，商业银行不仅要限制对高能耗、高污染企业的贷款，而且要积极给予对环境友好型企业的融资贷款，以绿色信用等为抵押信贷的广度，担当起行业的领导角色。企业内部的战略目标可以能源和环保产业为核心，将社会目标和经营目标统筹发展，发扬为整个金融行业提供绿色产品和服务的企业精神，对外积极展示绿色企业形象，引领全行业为绿色金融的发展作出贡献。

（五）完善绿色金融内部组织和人才建设

探索在金融机构组织内部建立绿色金融的相关职能部门，如环境执行委员会或节能环保部，并赋予这些机构业务否决权和监督权，既可以促进公司内部绿色文化和绿色运营的建设，也可以对外进行环境相关的咨询服务。在条件具备的情况下，可以借鉴外国的经验，尝试组建生态银行（绿色银行），作为专业开展低碳环保方面融资业务的金融机构。在资本市场和保险行业的金融机构，因为涉及大量的社会资金融资，所以要将节能和环保作为人才和组织建设的团队核心。绿色金融内部建设整体需要加大对人才的培育和引进力度，加快专业化人才队伍的建设进程，还要积极与政府部门协调，在高校组织开设相关学科，为绿色金融的深入发展储备后续人才力量。

随着气候、环境恶化等日益影响人类社会的生活、生产等各个方面，促进低碳经济的发展就需要国际社会共同的行动。在此大环境里，作为现代产业结构核心之一的金融业，需要明确自身的角色定位，重点扶持低碳、环保产业等项目，并通过环保经济手段来实现"可持续发展"战略，促使绿色金融带动部分传统实体经济产业转型升级。然而，绿色金融追求社会效益与传统金融追求经济利益的目标总是存在矛盾，我们要积极通过政策的推动，促进绿色金融的跨越式发展，实现经济效应和社会效应的"双赢"。并通过借鉴国外成功经验，构建我国绿色金融的新模式、新思维，发展符合我国国情的绿色金融产业。因此，我国的金融政策要偏向绿色产业结构优化，调整资金导向，进行产业结构调整，支持绿色产业的发展，从而促进我国健康绿色产业的新发展。

第二节　绿色科技支撑资源经济转型发展

"科学技术是第一生产力"经济的发展和社会的进步都离不开科学技术的支持。绿色经济是可持续发展的现实形式，它代表着经济发展的方向，不但对科学技术提出了更高的要求，而且也为科学技术的发展指明了努力的方向——绿色科技。正如周光召先生所说的，绿色科技是未来科技为社会服务的基本方向，也是人类走向可持续发展道路的必然选择。发展绿色经济，需要绿色科技的支撑。

一、科学技术是一把双刃剑

（一）科学技术的双刃性

人类社会的发展史也是科技的发展历史，科学技术的发展推动了经济的发展和社会的进步。从刀耕火种到智能化控制技术，从木棒石刀到原子弹、核武器，从"上帝造人"的传说到"克隆人"，科技创造了一个又一个的奇迹。科技在其发展过程中，不断地进入生产过程，转化为现实的生产力。一次又一次的科技创新应用于生产，促进了产业结构的变革，催生了产业革命，有力地推动了社会生产力的飞跃和发展。

在人与人的关系上，科技也具有两重作用。在人类历史发展的长河中，科技在推动生产力发展的过程中，不断地改变着人们的生产关系，推动着社会制度的变革。可以说，科技是在最本源意义上的革命者。从现实的情况看，现代科技正在影响着人与人之间的关系。如核技术的发展和应用在给人类带来清洁、廉价、高效的核能的同时也制造出时刻高悬在人类头顶上的原子弹、核武器；生物技术在造福于人类的同时，生物武器也威胁着人类的生存；基因技术正在引起国际社会的广泛关注，人们担心它会被用于消灭某一个民族或人种；许多国家在大力发展克隆技术的同时，也在担心克隆人的技术将破坏人们的伦理关系等。在基因解码研究方面处于领先地位的诺贝尔医学奖得主约翰·萨尔斯顿认为，正如炸药对人类发展的作用好坏参半一样，对遗传学的使用必须有所限制。他在对自己的研究成果感到兴奋和自豪之余，也会像爱因斯坦对自己在原子弹方面的发现一样，产生一定的恐惧感。因为他担心基因技术被用于制造"超人"，用于破坏人身上许多有益的特性。正是基于这样的担心，克隆羊之父英国细胞生物学家和胚胎学家凯斯·坎贝尔反对克隆人。他认为克隆技术的发展，细胞和胚胎的研究对人类有很大的贡献，可以用于治疗人类的一些疾病，可以克隆猪的器官，然后移植到人体上，但克隆人违反自然法则，这会给儿童带来不公正的压力。从医学上说，克隆人不仅成功率极低，而且克隆人的将来会不会有问题还需要时间证明。

在科技日新月异发展的今天，人们在享受高度物质文明的同时，却别无选择地面对严重污染的环境和频繁出现的生态危机。人们因此开始对科技的作用进行重新认识，并产生了分歧。悲观主义者认为科技发展导致了环境质量恶化，生态上的失败显然是现代技术本性的必然结果；而乐观主义者认为生态危机及环境破坏只是科技进步中的一个小小的副作用，依靠科技发展完全有能力去解决经济发展与环境保护之间的矛盾，如国际商会（ICC）在对可持续发展的阐述中就突出了技术的力量，并把技术定位、技术创新看作是改善环境状况的手段。当然，大多数的民众都认为科技的贡献是主要的，这可以从 2001 年我国对公众科学素养的调查结果中得到证明：

75.5%的公众认为科技对生活和工作的影响利大于弊；72.2%的公众对科技解决更多的问题抱有很大的期望。

（二）科技具有两重性的原因

科技对社会、经济的发展所具有的两重作用，其原因有以下几点。

（1）科技本身的自然属性与科技应用的社会属性。科学技术具有两重性：一方面科学技术是客观存在的实体，可以表现为一定的实物形式，如生产工具等，具有自然属性；另一方面科学技术是为了满足人类的需要而存在的，需要也必然要通过实践才能发挥作用，具有社会历史属性。从它的自然属性来看，它只是一种工具，具有物质的普遍性。而从科技社会属性来看，它是在特定的历史条件下被创造出来的，为特定的对象、特定的目的服务。当这些条件发生了变化，科技的作用可能会发生巨大变化，同一科技可以"安邦定国"，也可以"助纣为虐"。核技术及其应用就是一个明显的例子。

在这方面，我们需要把科技本身与科技的社会作用及社会后果区分开来。科技对社会所起的作用不仅受技术本身的影响，而且受到社会价值观、社会伦理等意识形态，人口、资源与环境的现状，经济发展水平等客观条件的影响。相比之下，后者的影响更具决定性。例如，在工业社会中，经济功利主义等价值观实际上主导着科技应用的方向和规模。另外，人口的急剧膨胀，人类（特别是一些发展中国家）在生存的压力下，有时不得不利用现代科技对自然环境进行着"征服"活动。如人与森林的关系就是如此，耕作农业实际上是在破坏森林的基础上发展起来的，如今的城市曾经也是森林，当然这里有一个合理的度的问题。对化肥的使用也是如此，化肥的过量使用会使土地板结，造成对土壤的污染，但为了获得赖以生存的粮食，人类有时是别无选择的。

科技本身是中性的，并无对与错之分；而人类如何应用它，就有了利与弊区分。

（2）科技本身具有两个方面的作用。任何事情都有其两面性，科技也不例外，也具有正反两方面的作用，差别只在于正与反两个方面的"度"的比较上，科技在其应用中是利大于弊还是弊大于利的问题。尤其是在人与自然的关系上，科技的这种两面作用更为明显。人类利用科技改造自然，实际上就是对自然进行人为的干扰，一方面是向自然索取，另一方面是向自然界排泄各种废弃物，这必然会影响人与自然的关系。生态环境具有一定的自净能力，只要这种影响被限制在自然与环境的自净阈值内，科技的副作用就不会造成太大的危害，因而从整体上看，这样的科技就表现为"有利"的科技；而如果超过这一阈值，这种技术对环境的作用就是不利的，很可能就表现为"害大于利"。这就使科技在"度"上表现出双刃性，从而危及自然环境及人类自身。

二、绿色科技的概念与内涵

（一）绿色科技的概念

绿色科技是一个崭新的概念，自 20 世纪 90 年代产生以来，就得到了较为广泛的应用。尤其是在 2000 年国际工程技术大会上，绿色科技已成为一个最热门的词汇。"绿色科技"的概念是约定俗成地被社会各界所广泛使用的，它至今还没有一个统一的定义。

当人类在充分享受工业文明伟大成果的时候，不得不面对恶化的生态环境。面对困境，人们开始反思，并在积极的反思中认识到科技在推动工业文明发展的过程中，也对人类生存与发展的环境造成了许多负面的影响，有的甚至是非常严重的影响。大气污染、臭氧层破坏、温室效应、水污染、白色污染、有毒化学品等，这些关系到人类生存与发展的重大环境问题，大部分都直接或间接地同科技有关，尤其是同工业化学技术在生产中的应用有关，很多人因此将化学与环境污染直接联系在一起，认为化学是环境污染的罪魁祸首，凡有化学的地方就不可能有绿色。化学家们对此感到愤愤不平，当然这样的说法无论对化学科技还是化学家，都是极不公平的。化学家们因此进行了大量的研究，1991 年，美国的化学家 Trost 在《科学》杂志上提出了"原子经济性"的概念；1992 年，荷兰有机化学家 Sheldon 提出了"E–因子"的概念。它们是"绿色科技"概念的雏形，后来人们在这两个概念的基础上，提出了"绿色化学"的基本概念。

绿色化学是指在整个化学反应和工艺过程中实现全程控制、清洁生产，从源头上制止污染物的生成，在通过化学转化获取新物质的过程中实现"零排放"。绿色化学是更高层次的化学，它的主要特点是原子经济性，即在获取新物质的化学过程中充分利用每个原料原子，使化学从"粗放型"向"集约型"转变，既充分利用资源，又不产生污染，其核心思想是利用化学知识和技术从污染的源头就开始预防污染。绿色化学是绿色科技概念在化学领域的体现，包括了绿色科技的最主要特点：资源节约与不对环境产生污染。但这一概念过于理想化，"零排放"的"原子经济"在现实生活很难实现，缺乏指导社会实践的实用性，也使得人们对这一概念的生态环境意义产生了怀疑。

绿色科技是一个相对的概念，它是随着社会的发展而不断变化的，具有一定的社会历史性。绿色科技是指在一定的历史条件下，以绿色意识为指导，有利于节约资源的消耗、减少对环境的污染，促进社会、经济与自然环境的协调发展的科学与工程技术。绿色科技包括了从清洁生产到末端治理的各种科学技术，既包括对环境污染的治理，生态实用技术、绿色生产工艺的设计技术，绿色产品、绿色新材料、新能源的开发等具体技术，又包括对在环境与社会发展中的重大问题的软科学研究。绿色科技是一种以减少或消除科技对环境和生态的消极影响、促进人类的持续生存和发展为目的，有利于人与自然共存共荣，既促进社会经济发展又对生态环境无害的技术。

（二）绿色科技的内涵与特征

对于绿色科技，可以从以下几个方面的特征中来把握它的内涵。

（1）绿色科技是既有利于生态环境又能促进社会经济发展的科技。对于绿色科技内涵的规定性上，绿色科技必须同时满足改善生态环境和促进社会、经济发展的双重要求，且这两方面的内容缺一不可。有利于自然和环境，这是绿色科技的应有之义，是绿色科技区别于其他科技，能称得上是"绿色"的必要内容。相对于一定时期的社会平均技术水平，相对于那些还无法达到国家或地区绿色指标的生产技术，绿色科技更能节约资源，或减少污染物的排放，因而有利于生态环境的改善。除此以外，绿色科技还必须具有促进经济发展和社会进步的功能。绿色科技并不是回归原始的技术，原始农业技术并不是绿色科技。绿色科技是现代的科技，是应用高新技术来缓解经济发展与环境保护之间的矛盾，是通过高科技的手段来协调经济与环境、人与自然的关系。

（2）绿色科技是一个动态的概念，是一个相对的概念，它是相对于一定绿色技术标准而言的。绿色技术标准受一定历史条件的制约，常受到社会平均技术水平、环境剩余承载能力、公众的绿色要求等因素的影响，是一个随着社会经济的发展而变化的变量。以绿色技术标准为参照物的绿色技术，也是一个动态的概念。事实上，在不同的历史时期，绿色的标准是不同的。如在我国，40年前煤是大多数家庭的燃料，为了保护森林，许多地方都大力推广以煤代木。但是，煤在燃烧后产生的二氧化硫严重污染了空气。而使用液化气（主要成分是甲烷）做燃料会产生二氧化碳，相对煤来说，液化气技术是一种更为清洁的技术，可以称为一种绿色技术。但是，无论是二氧化硫还是二氧化碳，它们都是温室气体的组成部分。现在推广的清洁能源是太阳能，可以轻易地贮存和使用太阳能的新技术，就是现在的绿色技术了。另外，环境所具有的剩余承载能力以及公众对生态环境的绿色要求等条件，也同样会影响绿色技术标准的制定，进而影响对绿色技术标准的界定。

（3）绿色科技必须以绿色意识为指导。这是从开发和使用目标方面对绿色科技应有的要求。科技本身是中性的，它只有以绿色意识为指导，才能发挥它的绿色功用。再好的科学技术，若不以可持续发展的绿色意识为指导，就可能偏离绿色轨道，而且越高新的技术在偏离轨道后产生的后果就越严重，如核技术，可以使地球毁于一旦。因而某种技术只有在绿色意识的指导下，服务绿色事业，才能成为绿色科技。

总之，绿色科技是一个动态概念，既有生态环境方面的要求，又有社会经济方面的要求。只有在服务于绿色目的时的科技才能真正称为绿色科技。

三、绿色技术体系

绿色科技的范围非常广泛，有利于生产力、有利于资源节约和改善环境的技术都可以称为绿色技术。我们可以把范围广泛的绿色科技分为清洁生产技术、环境治理技术、生态环境持续利用技术、节能技术、新能源技术等，这些构成了绿色经济发展的科技支撑体系。

（一）清洁生产技术

清洁生产技术是指能够减少生产过程的环境污染，降低原材料和能源的消耗，实现少投入、高产出、低污染的新技术、新工艺、新的生产流程设计等。这种技术着眼于企业的整个生产过程、产品的整个生命周期或整个产品链，尽可能地把对环境污染物的排放消除在生产过程之中，力图从污染的源头上防止污染的产生，实现"增产减污"。这种技术是一种最有前途的技术，比"先污染，后治理"的环境治理技术的成本要低得多，是更加先进的绿色技术。

清洁生产技术包括各种废气、废液、废渣的资源化技术及少废、无废工艺技术；再生资源回收利用技术；共伴生矿产资源综合回收利用技术；洁净煤技术；氯氟烃（CFC）代用品；资源综合利用技术等。每一类清洁技术又可以再细分为许多种，如国际较通行、技术较成熟且已商业化的镀通孔的清洁生产技术就有无甲醛化学镀铜法、炭黑法、石墨法、导电高分子法及高分子墨水法等多种。

目前，清洁生产技术的着眼点已从单个企业延伸到工业园区，建立生态工业园区也可以看成是一种清洁生产技术。

（二）环境治理技术

环境治理技术又被称为末端治理技术，是指对已有的环境污染进行治理和改善的环境工程技术。这种技术发展得更早，伴随着污染的产生而产生，种类繁多，是目前绿色环保技术市场的主流。如美国的脱硫、日本的垃圾回收处理、德国的污染处理等技术都在世界上遥遥领先，这种先进的环保技术为这些国家带来了巨额的环保技术收入。相对清洁生产技术而言，环境污染治理技术代表着更为落后的理念。但由于目前的环境污染仍然是比较严重的，因而对这种技术的需求还是很迫切的。环境治理技术包括空气净化技术、污水处理技术、废物处理技术、噪声与振动控制技术、城市卫生垃圾处理技术等，现分别介绍如下。

（1）空气净化技术。目前较为常见的空气净化技术有：消烟除尘技术与装置，粉煤灰清洁技术，排放物的脱硫、脱氮技术，低污染燃烧技术，排放过滤技术，排放控制技术，溶剂再生、更新回收，工业废气净化设备，机动车尾气治理，空气污染监测技术与设备等。

在我国，大气污染是以二氧化硫为主的煤烟型污染，大气污染物中二氧化硫总量的 90% 来自煤炭燃烧。目前，我国每年排放到大气层中的二氧化硫约 2000 万吨，占全球排放总量的 15%，位居世界第一，酸雨区域已达整个国土面积的 30%~40%。二氧化硫污染已给国家造成了难以估量的经济和社会损失，因此减少二氧化硫排放的技术是非常重要的。2002年，由清华大学研制成功的 "干式脱硫剂床料内循环的烟气脱硫方法及装置" 与 "循环流化床常温半干法烟气脱硫技术"，用于电厂锅炉烟气脱硫的效率可达 96.5%，填补了国内空白。

（2）污水处理技术。污水处理技术主要有工业废水处理技术及循环利用技术，水质监测技术，有机污染的处理技术，净化工厂技术，江河湖泊的氧气供应技术，江河湖泊清淤及污染治理技术，苦咸水淡化技术，膜技术与装置，滤材、滤料、水处理剂技术等。

（3）废物处理技术。废物处理技术主要有工业废物处理技术，废物热预处理技术，污物焚烧工厂技术，电吸尘技术，新型机械吸尘技术，有害有毒（化学、生物）废物的处理技术，城市废物垃圾处理技术，废物分类技术等。

（4）噪声与振动控制技术。噪声与振动控制技术是指测定、减轻、消除或控制的技术与设备，如汽车发动机除噪声技术等。

（5）城市卫生垃圾处理技术。城市卫生垃圾处理技术主要包括卫生填埋、衬层材料与施工技术，渗沥液收集与处理技术，蒸汽收集与处理利用技术，堆肥与生化处理、堆肥处理技术，对堆肥产品制复合肥、有机肥、生物菌肥等深加工工艺与技术，城市生活粪便（未进入城市生活污水管道系统的）进行浓缩、脱水、除臭等处理的技术，各类废旧电池的处理回收技术，各类塑料制品的再利用技术与设备，各类橡胶轮胎的回收、再处理技术，各类特定废弃物（如餐饮业、医院的废弃物）处理技术，废弃物回收、储存、再循环、填埋技术；有害有毒废物的处理技术，城市垃圾处理技术，垃圾分类技术等。

（三）生态环境可持续利用技术

生态环境可持续利用技术是指那些能够促进生态环境可持续利用的技术和方法，包括一些能够促进对生态环境规律认识的技术和减少对生态环境破坏的利用技术等，如流域治理、利用技术，平原风沙区综合治理技术，生态保护和生态监测技术，生态农业技术，珍稀濒危物种保护和繁衍技术，各种资源可持续利用技术等。

（四）节能技术

节能技术是指能够节约生产生活中能源消耗的技术，包括工业锅炉窑炉的改造和节能技术，高效节能电光源、节能照明技术，节能型民用耗能器具技术，节能型空调、制冷技术，节能型机电设备，新型城市节水技术，节水农业技术等。

（五）新能源技术

新能源技术是指能够促进开发、储存、利用新能源的科学技术。目前，新能源技术主要有太阳能技术、核能技术、海洋能技术、风能技术、生物能技术、垃圾能技术、地热能技术、氢能技术等。

四、绿色科技是绿色经济的动力与支撑

绿色经济的发展是在传统经济模式不断绿色转化的过程中实现的，而

绿色科技是促进传统经济向绿色经济转变的动力，是绿色经济发展的强大支撑力。

（一）绿色科技是资源型绿色经济发展的动力与支撑

（1）绿色科技可以提高对现有资源的开采利用率，减少资源浪费。传统经济是一种粗放型经济，属于高投入、高产出的数量型增长，它的增长是以资源的大量消耗为代价的，因此而造成了资源的严重短缺现象。具体表现在：一是对现有资源的开发强度过大，许多地方采取了掠夺式的开发，造成后备资源的不足、资源的供求矛盾突出现象。二是资源利用率不高，浪费现象严重。如在对不可再生资源煤的开发与利用上，都存在严重的问题，由于利益的驱动，许多地方都办了小煤矿，大多采取掠夺式的经营方式，造成资源的极大浪费。究其原因，体制是一个方面，实用且低成本的绿色技术的缺乏也是重要的原因之一。因为这些小煤矿经营投入的资金少，没有能力提高技术水平，就不可能提高资源的利用率。

绿色科技在不可再生资源的节约方面有巨大的发展潜力。世界各国每年需要消耗40亿吨煤和25亿吨石油，并且还以每年3%的速度增长，这已经导致多种金属矿产资源的日益匮乏，甚至枯竭。而煤矿资源回收率只有30%～50%，其余的绝大部分不但白白浪费，而且还危害生态环境。

在水资源的利用上，绿色科技也是大有作为的。众所周知，我国是一个水资源严重短缺的国家，人均水资源仅是世界平均水平的1/4。虽然我国的水资源总量约为2.8万亿立方米，但区域分布却很不平衡，其中，80%分布在南部，而南部耕地仅占全国耕地的 1/3。我国幅员辽阔，南北跨度非常大，可以想象到长距离输水的困难。因此，可用水资源总量不是很大。到2030年，我国人口峰值将达到16亿，人均水资源量为1700立方米，接近或达到世界公认的水警戒线，缺水将越来越成为制约我国经济社会发展的问题。我国受干旱影响的年平均耕地面积约为 4 亿亩。但是，在我国多水资源富庶的南方地区，水资源现状同样不是很乐观，沿河城市的水域超过90%被污染。据有关资料表明，在我国华北北部，普通灌溉1亩地每年需水 400 立方米，而管道输水只需 200 立方米，喷灌需 100 立方米，滴灌仅需 50 立方米，仅为漫灌用水的1/8。若能采用滴灌技术，每年全国仅农业灌溉用水就可以节约 1000 亿立方米，这样就可以部分地解决目前所面临的缺水问题，就能实现水资源的可持续利用。

（2）绿色科技可以扩展资源的利用空间。从可持续发展的观点看，任何存在的东西都可以作为资源加以利用，这里的问题只是没有相应的技术罢了。有些本来是非常有价值的资源，可以在多方面多层次地加以利用，却由于受科技条件的限制，只是在比较低的层次上进行利用，或只是被局限在价值空间很小的领域，或是被当作垃圾白白丢弃，有的甚至造成了环境的污染。如石油的用途是随着科技的发展而不断地被发现的，对石油的开发利用程度也是随着科技的发达而不断深化的。目前，石油在生产和利用过程中仍然存在着比较严重的环境污染问题，急需要绿色科技来解决。同样，其他的资源也会有这样的情况，科技的发展会不断地把一些现在还不能利用的"废物"变成将来可以利用的资源，可以使一些现在已经被利用的资源扩大它的用途。这样既促进了经济发展，提高了人民的生活质量，也充分发挥了资源的价值，减少了环境污染，因而促进了绿色经济的发展。

（3）绿色科技可以发现新型能源，为绿色经济发展注入新的动力。能源是现代经济的血液，传统能源如石油、煤的枯竭是制约经济发展的"瓶颈"，它的排放物还是导致环境污染的重要因素。绿色科技的发展可能会发现和利用新型能源，这些能源可能会更清洁、成本更低、储量更丰富，有的甚至可以永续利用。例如，太阳能、潮汐能、风能、闪电的能量等都是清洁的可持续利用的能源，用它们来替代传统能源，将为绿色经济的发展提供充足的清洁动力。又如原子能技术的发展，海洋技术的发展和应用，也扩大了资源的来源，缓解了矿产和石油等资源对人类生存和经济发展的"瓶颈"问题。

（二）绿色科技促进了环境保护和生态平衡

（1）环境治理绿色技术的发展，可以提高治理效果。绿色治理技术主要是对已经产生的环境污染加以治理的技术，一般是指末端治理技术。20世纪60年代到70年代，这类技术在发达国家得到了很快的发展，各国纷纷加大了环保投资力度、建设污染控制和处理设施等，以控制和改善环境污染，并取得了一定的成绩。但是经过几十年的实践后，人们发现：这种仅着眼于控制排污口（末端），使排放的污染物通过治理达标排放的办法，虽在一定时期内或在局部地区可以起到一定的作用，但并未从根本上解决工业污染问题，只是一种不得已而为之的措施。尽量预防污染的产生，才是更为合理的措施。因为任何污染的产生都必然会或多或少地对周围环境产生一定的破坏，而且更为严重的是，有的污染在目前的技术条件下是很难治理的，或是可以治理但成本很高，有的还会产生"二次污染"，因此，各个国家都在强调的是清洁生产技术。

我国以防为主的环境政策也在强调清洁生产技术的作用，但末端治理的技术也很重要。因为地球上已有大量的污染存在，即使从现在开始就实现了零排放，但已经存在的污染也会影响我们的生活质量。况且现代的经济发展还是会或多或少地产生一些污染，有些污染可以被大自然迅速地净化掉，有的则会日积月累造成巨大的危害。另外，有些意外的事故也会产生环境污染，例如，油轮触礁漏油就会对海洋造成污染。末端治理科技的进步，可以降低环境污染治理的成本，提高治理效果，改善生态环境，促进绿色经济的发展，例如湖泊污染的治理技术及小流域污染治理技术，为恢复和改善滇池、巢湖等地的生态环境起到了一定的作用。

这表明，发展绿色治理技术，虽然对改善生态环境是必不可少的，但也不能过于依赖这种技术，毫不顾忌地"先污染，后治理"，这就会对绿色经济的发展产生不利的影响。

（2）绿色生产技术的发展，可以促进清洁生产。随着可持续发展思想深入人心，人们已经认识到，靠大量消耗资源和能源来推动经济增长的传统模式是产生环境污染问题的根源。依靠补救性的环境保护措施，是不能从根本上解决环境污染问题的，转变经济增长方式才是解决环境污染问题的根本途径。然而，传统经济增长模式的转变是以科技创新为支撑和动力的，绿色科技是推动绿色生产的动力，而且只有低成本的绿色科技才能有效地推动绿色经济的迅速发展。因为绿色科技虽好，但如果它的成本太高，也是难以推广的。如化肥和农药虽然会造成环境污染，但它的成本比有机肥和生物农药更低，因此新的肥料和防治病虫害的新技术还难以被普遍推广和应用，这个原因也制约了绿色经济的发展。

绿色科技的进步，有可能产生新的不再产生污染的生产工艺，也可能发明一种新的技术，将以前难以利用的废弃物变成新的产品，并减少垃圾，提高资源的综合利用率；还可能会形成一种新的生产流程，使各个企业之间的废弃物与原料互为补充，形成一种循环经济新模式等。这些都会有力地促进绿色生产的发展。

绿色生产技术是从生产的源头开始，在生产链的各个环节和产品的整个生命周期中，都要考虑节能降耗，预防污染，尽可能地不对生态环境产生新的压力，这是从源头上进行环境治理，从根本上促进了绿色经济的发展。

（3）绿色科技的发展可以促进人类更好地发展生态生产力。经济的发展是社会文明与进步的物质基础，而不论科技如何发达，经济的发展都必然要消耗资源，也必然要对自然环境产生一定的影响。环境问题的关键只在于这种影响是否是在一定的限度之内。因为生态环境和自然资源，特别是可再生资源都具有自我恢复的能力，即环境容量和生态阈值。所以，关键是人类的行为要控制在这个限度内，不能超过生态阈值的界限，也就是适度的问题。如何掌握好这个"度"，首先要了解这个"度"是什么，即要掌握生态规律。人类对环境的污染和生态的破坏，在很大程度上是因为不了解生态规律而产生的盲目行为。由于自然界万物之间关系的极其复杂性，人类受到当时的科技条件的限制，不可能完全掌握自然规律，因此很难把握好这个"度"，进而可能对生态环境造成破坏。绿色科技的进步，可以提高人类观察自然和认识生态规律的能力，进而促使人类的经济活动更加合理，并趋于绿色化。如对森林资源的破坏，就是由于人类的不合理利用所造成的，遥感技术、地理信息系统、全球定位系统（3S）技术的发展及其在林业上的应用，人们就可以对森林资源进行实时监测，为森林资源的合理布局和利用以及病虫害防治等及时提供准确的数据；而计算机技术的发展可以帮助我们处理这些数据，使人们有可能正确地把握森林生态系统的变化规律，提高对森林的经营能力和水平。

（三）绿色科技可以为绿色市场的顺利运行提供有力的技术支持

绿色经济市场的建立与运行是以绿色产品的供给为前提的。绿色科技的发展，不仅可以为市场提供大量物美价廉、品种多样的绿色产品，以满足日益高涨的绿色消费需求，以提高人民的生活质量，如无氟制冷技术的发明，使绿色环保冰箱由理想变为现实，而且更重要的是，绿色科技的发展，可以为绿色市场提供及时、有效地进行"绿色"检测的技术手段，提高市场监管能力，以保证其顺利运行。因为绿色产品与其他产品的区别就在于"绿色"，但这个"绿色"需要利用一定的检测手段才能进行有效地鉴别。如果缺乏这样的鉴别手段，就可能导致假冒伪劣的绿色产品充斥市场，这必然会影响绿色经济的发展。因此需要对绿色产品的市场准入进行适当监管，以区别"真绿"与"假绿"，而这种区别又是以一定的绿色检测技术的发展为基础的。如果能够对食品的农药残留量进行及时、快速又准确的检验，人们就有希望吃上真正的放心蔬菜和其他农产品了。目前，这种技术尚不完善，这也是假冒伪劣的绿色产品充斥市场的技术原因。绿色市场的顺利运行需要绿色检测技术的支持。

五、加快绿色科技发展的对策

（一）绿色科技的现状分析

我国于 1973 年召开了全国第一次环境保护会议以后，对环境科技的开发与研究得到了重视和加强。目前，我国的绿色科技发展还存在许多不足，归纳如下。

（1）绿色科技的整体水平不高。从总体上看，我国的绿色科技水平还是比较落后的，同世界先进水平还有相当的差距。当然，这同我国社会经济的发展水平有关系。现有的绿色技术还不能够有效地保护环境和提高资源的利用率，因此，环境质量恶化的趋势仍然没有得到有效遏制。目前，我国单位 GDP 的能源和资源消耗量均高于发达国家。

（2）绿色科技的投入经费不足。在我国的统计数据中，还没有"绿色科技经费"的分类，因此难以获得相关的数据。而现有统计中虽然有"环保科研经费"的统计项目，但它的口径比"绿色科技经费"要小得多，它不能反映绿色科技经费开支的现状。绿色科技经费是科技总经费的一部分，所以我们以研究与试验发展（R＆D）经费的数据来说明。虽然，我国已经把"科教兴国"确定为基本国策，"科技是第一生产力"也已成为社会各界的共识，然而在实际行动上还是有比较大的差距的，我国的科技研发经费无论从绝对数还是相对数来看都还是不足的。

（3）投入结构不尽合理。首先，从经费支出来看，企业所占比例虽偏低，但情况有所好转。2020 年，我国 R＆D 经费投入总量突破 2.4 万亿，其中，规模以上工业企业 R＆D 经费为 15271.3 亿元人民币，比上年增长 9.3％；投入强度（与营业收入之比，下同）为 1.41％，比上年提高 0.09 个百分点。2020 年，我国 R＆D 经费投入延续了近五年来两位数的增长态势，但受新冠肺炎疫情等因素影响，增速较上年回落 2.3 个百分点。由于 R＆D 经费增速比现价 GDP 增速快 7.2 个百分点，R＆D 经费投入强度（与 GDP 之比）达到 2.40％，比上年提高 0.16 个百分点，提升幅度创近 11 年来新高。2020 年，我国基础研究经费增长为 9.8％，9 月 22 日，国家统计局、科技部、财政部联合发布《2020 年全国科技经费投入统计公报》（以下简称《公报》）。《公报》显示，从分活动类型看，全国基础研究经费 1467.0 亿元人民币，比上年增长 9.8％；应用研究经费 2757.2 亿元人民币，增长 10.4％；试验发展经费 20168.9 亿元人民币，增长 10.2％。基础研究、应用研究和试验发展经费所占比重分别为 6.0％、11.3％和 82.7％。从分活动主体看，各类企业研究与试验发展经费支出 18673.8 亿元人民币，比上年增长 10.4％；政府属研究机构经费支出 3408.8 亿元人民币，增长了 10.6％；高等学校经费支出 1882.5 亿元人民币，增长 4.8％。企业、政府属研究机构、高等学校经费支出所占比重分别为 76.6％、14.0％和 7.7％。从分产业部门看，高技术制造业研究与试验发展经费 4649.1 亿元人民币，投入强度（与营业收入之比）为 2.67％，比上年提高 0.26 个百分点；装备制造业研究与试验经费 9130.3 亿元人民币，投入强度为 2.22％，比上年提高 0.15 个百分点。最后，在规模以上工业企业中，研究与试验发展经费投入超过 500 亿元人民币的行业大类有 10 个，这 10 个行业的经费占全部规模以上工业企业研究与试验发展经费的比重为 73.6％。从分地区看，研究与试验发展经费投入超过千亿元人民币的省（市）有 8 个，分别为广东（3479.9 亿元人民币）、江苏（3005.9 亿元人民币）、北京（2326.6 亿元人民币）、浙江（1859.9 亿元人民币）、山东（1681.9 亿元人民币）、上海（1615.7 亿元人民币）、四川（1055.3 亿元人民币）和湖北（1005.3 亿元人民币）。研究与试验发展经费投入强度（与地区生产总值之比）超过全国平均水平的省（市）有 7 个，分别为北京、上海、天津、广东、江苏、浙江和陕西。

（4）绿色科技转化率低。我国的科技成果转化率很低，阻碍了科研对发展贡献率的提高。据统计，我国的科技成果的转化率最高在 30％左右，发达国家是 60％～70％。这是由多种因素造成的：①长期以来科技研究由政府计划控制，很多项目是为了科研而科研，与生产实践相脱节，科研成果的适用性低。②科研缺乏合理的约束与激励机制。一方面，对科研项目的考核往往过于形式化，不能对科研项目承担者形成应有的约束；另一方面，由于长期以来过分强调科研机构的研究成果的产权归国家所有，影响了承担单位的研究和转化科研成果的积极性。③在技术引进上存在着"重引进、轻开发""重新建、轻改造"等现象，盲目引进项目，而不能充分地吸收，国产化开发利用还很不够。

（5）对科技项目和成果的评价还不够科学。对科研项目和成果的评价问题，是关系到科技发展的重要问题。目前，在这方面尚存在一些不利的影响。由于我国目前科技经费的主要来源还是政府，对科技项目和成果的评价工作也是由政府主导的。

（二）加快发展绿色科技的对策

（1）加强科学道德建设，强调绿色导向。科学技术的发展方向影响着社会经济的发展。科学技术研究，不仅属于个人、单位或国家，而且属于整个社会，对科技的非绿色化利用会给整个社会带来巨大的损失。科学家的科学道德问题就成为影响科技发展的方向，甚至是影响社会发展的重大问题。因此，需要进行科学道德的建设，确保科技研究的绿色导向，使更多的科技工作者明确自身的工作职责和时代要求，以绿色科技观为指导，以确保科技的绿色化发展。

（2）拓宽绿色科技的融资渠道，增加绿色科技投入。现代科技需要大量的现代化的设备和人力作为基础，这需要有大量的投入。而我国目前的经济发展水平不高，可供政府支配的财力是有限的，政府能用于科技经费的投入也是有限的。长期以来，绿色科技经费仅靠政府的投入，必然会制约绿色科技的发展。所以应当采用多渠道、多种方式来吸引社会投资，吸纳海外资金投入也是一个重要的渠道。

（3）加强产学研相结合，提高绿色科技的转化率。绿色科技应从市场中来，再到市场中去，而不能与现实需要脱节，永远待在象牙塔里。政府应当加强引导，促进产学研更为紧密地结合，充分发挥产业、高校与专门研究机构的优势，使有限的经费产生最大的效益。

（4）政策导向，促进绿色科技的发展和内部平衡。科技政策首先要向绿色科技研究领域倾斜，从税收、财政、信贷、投资等各个方面为绿色科技的开发研究创造良好的政策环境，以促进绿色科技的发展。另外，绿色科技政策还应当向西北较落后的地区倾斜，同时，激励企业参与绿色科技的开发与研究，政府应加大对基础性科技研究的投入力度，使绿色科技开发的结构更加合理。

（5）完善绿色科技创新的制度建设。一方面，要加强绿色科技创新的激励制度建设，特别是知识产权制度建设，确保绿色科技开发承担者的创新利益，增强其进一步开发研究的积极性；另一方面，要加强绿色科技创新的监督制度建设，形成有效的评价监督机构，对绿色科技创新活动进行监管和验收，尽量减少和避免学术腐败及科技的非绿色发展。

第三节　绿色制度保障资源经济转型发展

绿色经济作为实践可持续发展战略的一种新的发展模式，它是一个宏伟的社会系统工程，向绿色经济发展模式的转变几乎涉及所有社会主体的利益调整。"没有规矩，不成方圆"，制度是规范人们行为的最稳定的力量。绿色经济的发展需要绿色制度的保障，这里的制度既包括由政府强制推行的正式的制度，如法律法规等，也包括非正式的制度，如人们的生活方式、习惯及意识等。

一、制度与绿色制度

（一）制度和制度结构

制度的概念和制度理论，是在对传统经济发展理论的批判过程中，逐渐形成和发展起来的，早在 19 世纪末就成为当时有影响的学派之一。20 世纪，制度经济学曾经沉静了一个时期，科斯的交易费用理论促进了该学派的革命性变革，形成了与旧制度经济学有别的新制度经济学，并在 90 年代创造了新的辉煌，这一学派的代表人物诺斯、福格尔等人获得了诺贝尔经济学奖。当然，制度经济学的再次辉煌，既是理论变革的结果，也是实践的需要，尤其是对于那些处于从计划经济向市场经济转变的国家来说。制度经济学为社会的变革和新制度的建立提供了思路和方法。中国渐进式改革的成功实践，既为制度经济学的应用与发展提供了广阔的空间和舞台，也促进和推动了制度经济学的发展，丰富了制度经济学的内容。

在制度经济学的发展过程中，许多学者从不同的角度对"制度"作出了不同的阐述，并给了制度以比较广泛的内涵，比较一致的观点是：制度是社会的游戏规则，是为规范人们的相互关系而人为设定的一些规则，包括被人们所认可且为人们所自觉执行的非正式的规则，也包括政府规定的并建立了强有力的机制进行强制实施的正式的规则。从本质上说，制度是一种公共品，是集体为了对个体行为进行控制所采取的行动，是由生活在其中的人们选择和决定的，反过来又制约着人们的行为。

制度包括制度安排和制度结构两个层面的内容。制度安排是一个局部性的具体制度，指的是管束特定行动模型和关系的一套行为规则，是经济单位之间的一种安排，被用于支配这些单位之间合作与竞争的方式。制度结构则是一个整体性的概念，指的是一个社会中正式的和非正式的制度安排的总和。

（二）绿色制度

绿色经济的发展要求社会成员及组织要将可持续发展的标准作为自身

的行为准则。对企业来说，就要求其在生产经营过程中，树立绿色经营理念，推行绿色生产，进行绿色营销，积极采用绿色新技术、新工艺，以节约资源、减少经营过程对环境及产品的污染；努力建设绿色的企业文化，促进绿色的思想观念的形成，以推动生活方式和生产方式的绿色化进程。对其他社会成员和组织来说，也都有一个如何接受和推进社会交往方式和生活方式绿色化的问题，应进行绿色消费，以达到可持续发展的要求。为此，就需要有一定的规则来约束企业的经营行为和人们的消费行为。绿色制度就是指根据可持续发展的要求，为促进绿色经济发展所作出的各种制度安排，如资源节约计划、排污费征收的规定、一控双达标制度、各种环保法规等。绿色制度创新是指对绿色制度因素进行新的组合，使之较原有组合能创造更多的产出（价值）。这里的价值是可持续发展的价值，既有经济的内容，也有资源与环境的内容。

（三）绿色制度的特点

绿色制度涉及经济发展与资源、环境保护的问题，它除了具有一般制度的共有特性，还有其独特之处。

（1）绿色制度的外部性强，协调成本大。外部性是指有些成本或收益对于决策单位是外在的事实。环境问题的经济根源在于其"外部不经济性"。绿色经济中的外部性有两种，一种是环境污染的负外部性，另一种是环境改良的正外部性。负外部性影响主要是企业的生产过程对环境造成了污染，如钢铁厂排出的气体污染了空气，影响了周围居民的生活及身体健康，居民肺病的发病率上升，因此而增加了医药费等。但钢铁厂没有将这种给周围居民带来的损失计入自己的生产成本，这是社会福利的一种损失。正外部性影响主要是指企业改良了生态环境，如学校在校区内植树，成片的树林能改善空气的质量，使该校周围的居民和企业有了更加良好的环境，由此而获得利益。

制度的实行是需要成本的，解决环境外部性的协调成本同环境外部性的影响范围大小有关。有些环境外部性的影响范围甚至会跨越国界，成为国际问题，如温室气体的排放就会影响全球的气候，因此，它所涉及的范围之大、利益相关者之多，又没有像国家这样的权威性的机构，使得解决国际环境负外部性问题的成本非常大。如《气候变化框架公约》已经过了十多年的协商，仍然有许多国家没有签约，特别是美国公然于2001年单方面退出了该公约，更加大了解决气候问题的难度。

（2）效益的多样性与定量的困难性。企业是以经济利润为目标的，它在向绿色转变中会为社会带来大量的社会与生态效益。但这种为社会效益是难以计量的，而企业的绿色化转变则是需要支付成本的。矛盾因此产生，企业现行财务核算的基本假设之一就是货币计量，使地方政府和企业从自身利益出发都会更加侧重经济利益，也使得对其企业社会效益进行相关监督变得更为困难。

（3）效益的长期性。进行绿色转变制度的效益具有长期性的特点。长期性，即通过以后长期的生产经营体现出来，并获得收益的。如树立绿色企业形象，需要通过长期的努力，且要投入大量的成本才能达到这一要求，能否获得收益是未来很长一段时间以后的事情。时间越长，这种不确定性就越大。在贴现率较大的情况下，这种未来收益的贴现值会变得较小，而且不很稳定，这在某种程度上就会阻止企业进行相关绿色转变。这就是现在只有少数较有实力、富有远见的企业家才会主动培养自身的绿色企业形象的主要原因。

（四）绿色制度的发展与演变的历程

20 世纪上半叶频繁发生的生态环境灾害逐渐唤醒了人们的环境意识，人们开始重新审视人与自然之间的真实关系，并开始探索如何从根本上解决生态环境危机的途径。人们终于认识到，这个根本的途径就是转变经济增长的方式和社会发展的模式，绿色经济发展模式就应运而生，绿色制度也随之受到人们的关注而逐渐建立与发展起来。从世界范围来看，自美国蕾切尔·卡逊夫人的《寂静的春天》的出版到世界各国在环境问题上达成共识并采取的共同行动，绿色制度由一个国家和地区性的制度逐渐发展成为国际性的制度。近年来，各个国家和地区围绕着《气候变化框架公约》争论不休，表明了建立国际性绿色制度的艰难过程。绿色制度的发展大约经历了以下四个阶段。

第一阶段：20 世纪 60 年代是环境意识的形成时期，它以《寂静的春天》的出版为起点（绿色制度的萌芽），以 1968 年联合国环境规划署的成立为标志。在这一阶段，人们意识到了环境问题的严重性，美国、日本、欧洲等许多发达国家和地区相继制定了一系列的法规以防止环境污染的扩大。在这一时期，绿色制度主要表现为各个国家的单独行动，其范围只局限于一个国家的地域，制度的影响力也不是很大，主要集中于产生严重污染源的末端治理，如水污染的治理等。而世界范围内环境恶化的趋势还在继续，并由发达国家开始向发展中国家转移。

第二阶段：20世纪70年代为绿色制度的发展时期，它以1972年斯德哥尔摩会议为标志。在这一阶段中，大多数发达国家的环境问题已经十分严重，并已经影响到经济与社会的发展。因此，一些发达国家加快了绿色制度的建设步伐，一方面扩大绿色制度的覆盖范围，另一方面深化制度的内容，由部门或地方性的规定上升为稳定和规范的法律，如各国相继出台了防治污染法，制定了环境税收制度等。但在这个时期中，绿色制度的内容仍是以"末端治理"为主，还没有实现从"末端治理"向源头治理的转变。同时，在世界范围内，环境恶化的趋势不但没有得到遏制，而且迅速地向发展中国家转移和蔓延。

第三阶段：20世纪80年代是绿色制度的国际化发展时期，它以1985年《保护臭氧层维也纳公约》及1987年《关于消耗臭氧层物质的蒙特利尔议定书》的签订为标志。在这个时期中，人们认识到地球是一个环境整体，如气候问题就是全球性的问题，各国也清楚地认识到严峻的环境问题将危及人类的生存和发展，并且只有各个国家的共同行动才能解决这个问题，于是，各国开始建立全球化的绿色制度以统一全球的绿色行动。

第四阶段：可持续发展的制度建设时期，以1992年在巴西召开的联合国环境与发展大会为标志，可持续发展的思想在全球范围内得到了社会各界的共识。特别重要的是，正是在这次大会上，可持续发展的思想被与会各个国家的政治家们所接受，因此才有可能被确定为各个国家的发展战略，并付诸行动。各个国家和地区相继成立了可持续发展理事会或机构来专门研究可持续发展问题，并根据大会的精神制定了《21世纪议程》。要想实施可持续发展战略，就必须进行相应的制度建设。在联合国环境与发展大会的推动下，国际范围内的绿色制度建设步伐加快，如绿色认证制度、WTO框架下的绿色贸易制度等。而在经济全球化的今天，这些世界性的绿色制度有效地约束了各个国家的经济活动，从而有力地促进了各个国家的绿色制度建设。在这个时期中，世界范围内的环境危机有所缓和，但在总体上仍呈恶化趋势，特别是发展中国家的生态环境问题逐渐凸现出来。

二、绿色制度的主要类型及内容

为了促进绿色经济的发展，各国都采取了一定的措施，形成了多种多样的制度。对于绿色制度，不同的机构和专家有不同的归类方法，如世界银行就依据制度对绿色经济作用的不同，对各国的绿色政策进行了归纳，并分为四类，见表 7-1 所示。

表 7-1　资源与环境污染控制政策手段

利用市场	创建市场	实施环境法规	鼓励公众参与
减少补贴	明确产权	标准	信息公开
环境税	权力分散	禁令	生态标志
使用费	可交易的许可证或开发权	许可证/配额	公众知情
押金-退款制度	补偿制度		公众参与
专项补贴			

　　我国的绿色制度建设是在 20 世纪 80 年代逐渐发展起来的，现已形成了以经济政策为主、以行政手段为辅、以全面强化社会监督和多种形式的宣传教育等为内容的绿色制度体系，具体可以分为规范制度、监督与评价制度和核算制度三类。

（一）绿色规范制度

　　绿色规范制度是指用来规范和约束各个行为主体的经济活动的一系列规章制度，是由行政手段、市场经济手段和意识形态手段三个相辅相成的部分组成的。

1. 行政手段

　　这种手段是以政府的行政命令、法律法规或标准等形式对经济活动进行强制性的管理，包括资源与环境法律法规、强制性标准管理、绿色禁令、许可证与配额管理等制度形式。

　　（1）资源与环境法律法规制度。法律是规范人们行为的最高准则。资源与环境的法律法规为处理经济活动与各种资源、环境问题提供了最权威的依据，这是任何团体和个人都必须遵守的，是强制执行的。我国目前已初步形成了可持续发展的法律体系，截至 2021 年 3 月，我国已经制定和完善的这方面的法律法规有：《中华人民共和国宪法》，人口与计划生育法律，环境保护法律，环境与资源保护法律，防灾减灾法律等。此外，第九届全国人民代表大会常委会第二十八次会议通过了《中华人民共和国清洁生产促进法》（2003 年 1 月 1 日起执行），旨在动员各级政府、有关部门、生产和服务企业推行和实施清洁生产。这一法律的制定，标志着我国绿色经济事业的发展有了历史性的进步。为推进这些法律的实施，各有关部门密切配合，加大了可持续发展相关法律法规的宣传教育和实施监督的力度，同时，国务院也制定了人口、资源、环境、防灾方面的行政规章 100 余部，提供了一系列切实可行的规章制度。

（2）强制性标准管理制度。该制度是由政府制定一系列的绿色标准，并采用行政手段保障其被执行，如取缔"五小"企业制度和工程项目绿色达标制度就属于这种制度。

取缔"五小"企业制度是指对一些达不到一定规模的小煤炭、小水泥、小造纸、小炼钢、小玻璃企业予以关闭的政策。因为这类小企业的生产技术落后、人员素质低，缺乏进行相关技术改造的资金和积极性，资源浪费严重并造成了严重的污染，对生态环境的影响很大。这类企业之所以能生存，是以资源的浪费为代价的。如小煤窑在开采煤时，大多数只对煤层中间的部位进行掏心式开采，资源回收率在10%以下，大量的顶板煤和底层煤被弃之不管，也无法再次开采，造成了巨大的资源浪费；也没有正规的安全措施，易酿成严重的安全事故；同时有的小煤窑还与大矿井贯通，破坏了矿层和大型矿井的正常生产秩序。可见，小煤窑的盈利实际上是不计环境和资源成本的结果，如果要计算这些成本，绝大多数都是亏本的。

工程项目绿色达标制度是针对新上的工程项目所制定的制度，要求新上项目必须进行绿色评价，若不符合规定的绿色标准，经济效益再好的项目也不能立项，这就是工程项目中的"生态达标一票否决的制度"。

（3）绿色禁令制度。该制度是指政府对一些产生了严重的污染、危害生态安全的产品或活动，以政府行政命令的形式予以禁止。如2020年国家发展和改革委员会、生态环境部等九部门联合印发《关于扎实推进塑料污染治理工作的通知》提出，自2021年1月1日起，在直辖市、省会城市、计划单列市城市建成区的商场、超市、药店、书店等场所，餐饮打包外卖服务以及在各类展会活动中，禁止使用不可降解塑料购物袋，但是暂不禁止使用连卷袋、保鲜袋和垃圾袋。同时，自2021年起全国禁止生产和销售一次性塑料棉签、一次性发泡塑料餐具；全国餐饮行业禁止使用不可降解一次性塑料吸管，但是牛奶、饮料等食品外包装自带的吸管暂不禁止使用。

（4）许可证制度和配额管理制度。许可证制度是政府对一些活动采取许可证的管理制度，没有取得许可证的就不得进行，这种规定在进出口贸易中比较常见，它常和配额管理制度相联系。所谓配额管理，是指在一定时期内对某一活动，规定一定的数量范围在此范围内，不加以处罚，超过这一范围加以较为严厉的处罚，如征收高额税费、罚款等。在绿色经济中，对排污权管理就是采取这样的制度，并已经取得积极的效果。

2. 市场经济手段

市场经济手段是制定相关的经济政策，通过市场的运行来实现资源与环境外部成本的逐渐内部化，进而促进企业向绿色化转变。这种政策具有作用直接、效果明显的特点，目前已成为企业绿色制度的主要部分。据有关问卷调查表明，企业环境技术创新项目中有 38.6％是以此为动力源的。它主要包括收费政策、补贴政策、排污权交易等制度，以及其他一些辅助性经济措施。

（1）收费政策。收费政策是最常见的环境经济政策，包括污染收费和投入收费两种。污染收费是依据"污染者付费"的原则而建立起来的一种事后控制污染的经济管理手段，其收费的对象遍及所有的排污企业、组织及居民，这里的污染包括"三废"噪声等。这一制度的执行者是环境管理部门，通过对环境污染造成的损失进行相关测定后，规定出所应收取的费用，以用于环境的治理。目前主要有排污费、垃圾处理费等。投入收费是一种事前控制行为，是对那些在生产和使用中会严重浪费资源，或对环境造成污染的产品和行为以税收等形式进行经济制约。这种政策特别适用那些使用者比较分散、污染难以监督和治理的产品，包括资源税、燃料税、污染产品税、生态环境补偿税等多种形式。资源税主要是为了提高资源价格、促进技术改进、节约资源利用或换用新型的低污染的资源而征收的。燃料税主要是为了减轻大气污染而征收的，通过实行燃料税差别政策，以鼓励人们使用污染少的新型燃料。污染产品税是指对在使用过程中会造成环境危害的产品所征的税，如化肥、农药等，国内尚未实施这一政策。生态环境补偿税是对开发利用生态环境的受益者所征收的一种税，以用于补偿维护或恢复生态环境破坏的费用，如自然资源开发税、土地增值税、下游企业对上游企业的生态补偿费用等，国内主要应用后两种形式，上下游企业之间的补偿机制正在进行探讨和试验阶段。

（2）补贴政策。补贴政策是政府对企业进行有利节约资源利用和减少环境污染的行为进行经济优惠或补贴，以鼓励此类行为的再发生，包括直接补贴和间接补贴两种形式。直接补贴是直接通过财政拨款、贴息贷款、直接补助等形式，来激励企业减少污染量的排放或促其转变生产方式。间接补贴则通过财政、税收、信贷等优惠政策来鼓励企业进行绿色化转变。我国这方面的政策很多，如《中华人民共和国企业所得税暂行条例》规定：企业利用废水、废气、废渣等废弃物为主要原料进行生产的，可在 5 年内减征或者免征所得税；亚洲开发银行等国际组织规定，对所有申请贷款的企业，必须通过 ISO14000 系列认证后才有资格；国家税务总局也指定了相关的政策以激励企业减少或达标排放污染物。如对于一汽生产的奥迪、捷达汽车

（财税〔2000〕26 号）和沈阳金杯客车制造有限公司生产的金杯系列客车（财税〔2002〕71 号）分别作出减征 30％消费税的决定。

（3）建立排污权交易市场。为了解决环境收费标准难以确定、政府在管理排污权方面的信息有限性及由此产生的"寻租"行为问题，建立了排污权交易市场制度，目的是通过市场竞争来达到环境利用效率的最大化，促进企业在环境污染需求上的公平竞争。一般情况下，由政府先根据环境的容量确定有关部门可能产生的最大排污量，通过颁发许可证的形式来限制污染物的排放量，许可证可作为产权在企业之间进行买卖，价格由市场形成。这种形式最早于 1979 年由美国提出，并付之于实践。

（4）其他形式。包括押金制、执行保证金制度和环境损害责任保险制度等。押金制是指对可能造成资源浪费或环境污染的产品加收一定押金，如果把这些潜在的污染物送回收集系统以避免污染，则将押金返还。这种形式简单易行，如国内的汽水瓶、啤酒瓶等的回收利用，不过这只是企业为了节省资源成本而进行的，并没有真正从环保的角度来考虑。目前，有学者开始了对电池、农药瓶等实行环保押金制度的研究。

执行保证金制度是指在从事生态环境治理活动之前，企业向政府及有关管理当局交纳一定的费用，当该活动圆满完成后企业可以将该保证金取回。如我国在 20 世纪 80 年代就有过规定，企业在采伐森林时要从木材售价中暂扣一定比例的造林保证金，由林业管理部门监督，用于采伐地的造林更新，这一制度在当时对森林的恢复起到了积极的作用。

环境损害责任保险制度是指由保险公司向污染者收取保险费，并约定保险的责任范围和保险额度，当企业由于意外原因造成污染，其相应的经济赔偿和治理费用将由保险公司承担。

3. 意识形态手段

同行政手段不同的是，意识形态手段并非由政府强制执行，而是通过影响人们的意识形态等非正式制度来达到目的。意识形态手段的主要形式是绿色教育和绿色宣传制度，如开展环保教育，增强企业家的环保意识，减少生产中的资源浪费和环境污染；普及环保观念，建立符合我国国情的"适度消费、勤俭节约"的生活消费模式；加大绿色消费宣传力度，对公众舆论进行导向和监督，扩大人们的绿色消费意识，增加绿色消费需求，通过需求来引导企业生产方式的转变，促进企业清洁生产的发展。现在大家对这种手段的重要作用有了越来越深的了解，相关的制度和行动越来越多，形式也逐渐多样化，如环保夏令营、保护母亲河行动、曼谷的"垃圾银行"活动等都收到了较好的效果。我国的"义务植树"活动也是非常成功的。

（二）绿色监督与公开制度

绿色监督制度是指对企业执行绿色规范制度的情况进行监督并将之公开的制度，不但包括规范制度的日常监督与管理制度，而且包括将这些信息公开的一些制度。绿色规范制度的日常监督与管理制度与其他规则的监督与管理制度没有太大差别，在此不加以阐述。

利用信息公开的方式进行监督的制度较为特殊，它并不强制企业达到什么要求，而只是制定一些非强制性标准，由企业主动提出申请的方式，并通过社会公证机构对企业是否达到此类标准进行鉴定，并将相关信息予以公布。信息公开的实质是通过社会公证机构将企业的绿色信息反馈给社会公众，减少社会公众搜寻此类信息的成本和信息不完全带来的不利影响。通过这种鉴定的企业，社会公众能和其他企业区别开来，便于识别，进而能获得更多的权利或收益，如市场准入制度和绿色或生态标志的认证制度等方面的信息。

（1）绿色市场准入制度。绿色产品是有利于人们身体健康和资源节约、环境保护的产品。为了确保绿色产品这一特别的品质，需要制定绿色产品的市场准入标准，以一定的标准，并通过一定的行政管理手段来保障其执行，把那些不符合标准的产品拒之于市场外。把好市场准入的关口，是促进绿色经济发展的重要途径。如果没有这个市场准入的关口，让大量假冒伪劣的"绿色产品"充斥市场，就会严重地影响真正的绿色产品的销售，进而影响绿色经济的发展。绿色市场准入制度包括两个方面的内容：制定专门用于销售绿色产品的市场所需要的相关的政策、措施；为所有进入市场的产品提供一个基本的绿色标准，以防止那些对社会和环境危害严重的产品进入市场。

（2）绿色或生态标志的认证制度。这种制度强调了自愿原则，虽然绿色经济与传统经济有着质的不同，绿色产品具有不同于一般产品的特点，但因为建立一个专有的绿色市场需要的成本很高，所以绿色产品有时是同一般产品共同存在同一个市场中，这就需要另外一种制度来对绿色与非绿色的产品进行区分，绿色或生态标志的认证制度就应运而生。绿色标志的认证是指对绿色企业或产品制定了一系列的标准和条件，并按照一定的程序进行严格考核，达到标准要求的，颁发一定的标志或证书，这样就能对绿色的企业与产品进行规范管理。在国内影响较大的是绿色食品认证的制度，在国际上则是有机食品认证制度。此外，在对企业和产品的管理方面，ISO14000 环境管理体系认证是国际上最权威的认证制度。ISO14000 环境管理体系是由国际标准化组织制定的，其目标是通过实施这套标准来规范企业和社会团体的环境行为，最大限度地节约资源，减少人类活动对环境所造成的不利影响，改善全球的环境质量，促进环境与经济协调发展。在国内，目前申请这项认证的大多数是出口企业，因为通过了这种认证就等于是领到了前往国际市场的通行证，不但可以减少各种检查和检验的费用支出，而且可以在国际市场上树立良好的绿色形象。

绿色食品认证是国内已经采用的绿色认证制度，它的标准是国家农业部制定的，分为 A 级（符合特定的标准）和 AA 级（不允许在生产过程中使用任何化学合成品）。有机食品的标准要求比 AA 级更高，除了必须符合 AA 级的标准，还对食品原料的生长环境有较高的要求，如高标准的土壤等。通过绿色食品认证后，可以获"绿色食品"标签，不但可以区别于其他非绿色食品，而且方便了消费者的选购。

（三）绿色核算制度

绿色核算制度是对绿色经济运行结果的核算和评价的制度。绿色核算制度是把资源、环境资本纳入国民经济统计和会计科目中，用以表示社会真实财富的变化和资源环境状况，为国家和企业反馈准确的绿色经济信息，包括绿色 GDP 的宏观核算体系、绿色会计的微观核算体系和绿色审计的再监督制度三个部分。

三、绿色制度存在的问题与创新

（一）绿色制度存在的问题

在绿色浪潮的推动下，在加入 WTO 之后，面对绿色壁垒，我国的企业也已经逐渐重视环境问题，并开始改进生产方式。但就总体而言，企业的生产方式并未得到根本的转变，我国的生态环境仍在继续恶化，环境污染问题有所反弹。这说明我国的绿色制度还存在许多不合理或执行不力等问题。具体表现在以下几个方面。

1. 制度本身还不够完善

第一，绿色标准比较低。我国的绿色制度普遍存在标准过低的现象，如我国"绿色食品"的标准远低于国际上"有机食品"的标准；又如我国所收取的环境污染费用也远低于污染造成的环境损失，甚至低于企业环境治理设施的运行费用，属于"超低收费"。例如，二氧化硫治理费每吨只收取 0.2 元人民币，还不到处理成本的 1/5。因此，多数企业宁愿被罚款，也不愿意采取治理措施。因为在这样的制度下，企业选择"污染"比选择"治理"在经济上是更"合算"的。

第二，绿色标准所覆盖的范围较小。一方面是相对污染的种类来说，已经制定具体的绿色标准，并有相应制约制度的只有几种，如水、大气等，其覆盖的范围较小；另一方面是绿色标准涉及的行业范围也相对较少。这就容易造成环境污染范围的转移。

第三，绿色制度的标准不明确，操作较困难。国家发展改革委、生态环境部发布《关于进一步加强塑料污染治理的意见》，自 2020 年底开始，分步骤禁止生产和销售一次性发泡塑料餐具、一次性塑料棉签；禁止生产含塑料微珠的日化产品。但截至目前仍无法完全禁止，究其原因，主要是政府虽规定餐饮企业禁止使用，但是如何贯彻落实，政府却没有给出具体规定，这也给有关行政管理部门在监督管理、行政处罚上带来一定困难。

2. 绿色制度体系不健全

绿色制度是为了从根本上缓解人类生产与自然环境保护之间的矛盾而设立的，目标是促进市场主体的行为向绿色化转变，以达到促进绿色经济的发展。而影响市场主体行为绿色化的因素是多方面的，这就要求各种绿色制度之间要互相配合，形成一个制度体系，才能收到较好的效果。从国内绿色制度体系来看，目前还不够完善。

首先，绿色制度的目标会受到制度科学性的制约，因为绿色制度制定者的有限理性及有限而非对称的信息会影响制度的科学性，使制度的实施效果受到一定的影响。

其次，环境执法以及对执法者进行再监督是绿色制度体系的重要组成部分，甚至是最重要的环节。但恰好在这些重要的环节上，绿色制度还存在着缺陷。如一些拥有绿色监督权的行政部门，其业务经费和人员工资都应当有稳定的来源和严格的管理，从而保证其执法的权威性。然而，现实的情况是，由于许多行政管理机构臃肿，有一部分人员工资及业务费用不足等问题，需要靠其罚款的"业务收入"来解决，影响了执法的严肃性，更有甚者，有的部门为了自身的利益，放任企业的污染行为，罚后不管，以便以后再罚，使得绿色监督工作变了味，甚至走向它的反面。目前，还没有其他部门对绿色监督部门的工作进行再监督，这也导致出现环境污染与环境罚款同时上升现象的重要原因。这样的绿色监督不是制止而是鼓励了环境污染的产生。

3. 绿色制度与其他制度之间不配套

绿色制度只有与其他制度相互支持与配合，才能充分发挥其绿色导向的作用，然而，我国的绿色制度与其他制度之间存在许多不配套的地方，严重影响了绿色制度效用的发挥。由于长期以来受计划经济思想的影响，行政部门总是习惯采用行政手段"搞运动"的形式来推动绿色经济的发展，自上而下，"层层达标"。事实上，这些指标在执行过程中会受人为因素的影响而产生变化。国家已经明确环境保护是我国的基本国策，地方政府还是以 GDP 增长为主要目标，为了促进地方经济的发展，不惜以牺牲环境为代价，这在某种程度上加剧了环境问题。

4. 绿色制度对企业的约束性较差

企业是绿色制度的主要实施对象，也是一个能动的行为主体，有着自己的利益取向，根据制度来调整自身行为，有的企业甚至为了利益而钻制度的空子。因此，绿色制度的制定一定要考虑到企业的利益，否则可能会增加制度的执行成本，甚至可能会适得其反。如对污染企业的约束大多限于行政的手段、流于形式的检查、罚款处理，其他手段运用得不够，日常的监督管理不力，缺乏有效的威慑力。又如国家对建造控制污染设施的企业采用直接补贴手段，这在某种程度上是助长了末端治理行为的产生而不利于清洁生产的推广。

5. 绿色制度本身的可持续性还存在一定问题

绿色制度一般都具有积极的意义，如退耕还林配套补偿制度是一项功在千秋的具有长远意义的政策。但这一长远性制度，其可持续性就是一个值得关注的问题。1998 年退耕还林政策规定：每退 1 亩陡坡耕地，政府每年补贴100 千克粮食，50 元的树种和草籽钱，20 元的生活费。这种补偿比农民自己种粮还要合算，因而得到了农民的积极响应。但据专家的估计，我国至少应该有 1 亿亩耕地需还林。那么按这种补偿办法，每年就需要投入 70 亿元人民币资金和 1000 万吨的粮食。从长远看，这可能使国家的财力，特别是粮食供应能力难以长期维持。

2021 年，全国完成造林 5400 万亩，种草改良草原 4600 万亩，首次实行造林任务直达到县、落地上图，造林完成上图率达 91.8%，组织开展 20 个国土绿化试点示范项目，启动山东、辽宁、宁夏、河南、重庆等 5 个科学绿化试点示范省（区）建设。2022 年，全国计划造林种草 9606 万亩，其中，造林面积 5006 万亩。为完成造林任务，国家林草局要求各地要因地制宜、分区施策，其中，华北、西北、西南地区是人工造林的重点区域。

（二）绿色制度的创新

国家（政府）在制度变迁理论中历来占有较为重要的地位。正如诺思所说的理解制度结构的两个主要理论基石是国家理论和产权理论。因为国家界定产权结构，因而国家理论是根本性的。

1. 绿色制度的创新需要有政府的支持

绿色制度创新是解决资源与环境的外部性问题。自然资源与环境的公共性较强，加上制度创新本身也具有很强的公共品性质，因而绿色制度创新是一个公共品的供给问题。

绿色经济取代传统经济是历史的必然，但由于信息和交易费用的存在，不能保证一个制度失衡会引发向新均衡结构的立刻移动。"制度变迁发生在何时，在什么条件下，以及达到何种程度，是集体行动理论所提出的问题"。企业在这种制度转变过程中，存在着较大的"搭便车"与转移绿色制度创新成本诱因，自发情况下，绿色制度的供给将远远小于社会的最优需求量。

政府这一特殊的组织有两大显著特性：①政府是一个对全体社会成员具有普遍性的组织；②政府拥有其他经济组织所不具备的强制力。政府可以很好地降低由组织费用、搭便车行为、不完善信息市场及逆向选择等引起的交易成本。因而政府在绿色制度变迁中具有很大的优势，以至于有的学者提出了"经济靠市场，环保靠政府"的观点。

在绿色制度变迁中，政府的影响力表现在两个方面：一是影响制度转变速度的快慢，二是影响制度变迁交易成本的大小。制度变迁的交易成本是非常大的，按照美国制度经济学家道格拉斯·诺思的说法，制度耗费了大量的资本，在发达国家中，这一成本约占 GNP 的 50%。

2. 政府与市场的关系——诺思悖论

在制度建设与转变中，没有政府的支持是不行的，但政府也不是唯一的力量。早在 20 世纪 70 年代，制度经济学家就发现了这里存在了一个"悖论"——政府具有强大行政干预能力，可以减轻因市场不完善和扭曲所造成的影响，但政府干预市场又会造成更多的市场不完善和市场扭曲，这就是"诺思悖论"。政府在绿色制度的创新与变迁过程中也存在这样的矛盾。

首先，政府作为一个实体，有其自身的利益。按照马克思的观点，政府是特定集团或阶层的代理人，它的功能就是保证统治阶层的利益。中国共产党和人民政府是人民利益代表，党和政府的利益是与社会总效用一致的。但由于中央政府并不全部地参与所有事务，绝大多数职能是由多个地方政府去实施的。地方政府可能出于本地的利益考虑，使得社会的总效用受到影响，这或许就是国内地方保护主义根本原因的经济学解释。

其次，委托－代理关系的存在，可能会扭曲政府的职能。政府只是一个抽象的实体，本身不能参与有关法规政策的管理。它只能通过政府工作人员去执行自己的职能，存在着一个委托－代理关系。这两种情况都会导致政府职能的失效（从社会效用最大化角度来看），有关改革的试验调查也充分证实了这一点。在许多地方，乡镇企业股份制改革的最大困难，并非来自企业本身（产权无法界定、财务技术问题等），而是来源于乡镇和村两级干部或明或暗的阻力。

最后，自行其是的权力、理论认识的偏差、社会利益的冲突和历史认知的局限等也会使政府在绿色制度创新中的作用失效，美国退出《联合国气候变化框架公约》就是迫于国内企业的压力。

3. 政府在绿色制度创新中的作用

（1）政府在绿色制度需求方面有以下作用。第一，政府可以通过影响一些要素及产品的价格来刺激企业对绿色转变的需求。首先，政府掌握了大量的传媒与舆论阵地，并具有进行道德教育的优势。政府可以加强对企业绿色变迁的宣传，影响人们的消费模式，扩大对人们绿色产品的消费需求，进而促进绿色产品价格上升，这样使得实行绿色变迁有利可图，这会刺激企业对绿色化制度的需求。政府加强对节约型的消费模式的宣传，也可以减缓对资源消耗的增长速度。其次，通过资源与环境税收的征收势必会使一部分生产要素价格上升，导致使用这种要素的生产成本相对提高，这就降低了这种产品的市场竞争能力，就会迫使企业产生对绿色制度的需求增加。第二，政府可以制定法律规则，确保企业绿色制度需求的顺利产生。如政府可以加强对市场体系的管理与监督，打击假冒伪劣绿色产品。这样，一方面可以使人们能放心地进行绿色消费；另一方面也使企业绿色转变的利益得到保障，降低市场信息不完全性的不利影响。如 ISO14000 环境系列认证是将那些有能力进行绿色生产的企业与其他企业区分开来，在国际贸易中给以优惠的政策，使企业的这种绿色转变的外加成本得到补偿和保证。在这类政策与规则的作用下，企业绿色转变的利益不确定性将会大大减少，企业进行绿色化转变的需求也会随之增加。

（2）政府在绿色制度供给方面的作用。第一，政府可以利用自己的优势，降低绿色制度供给的成本，拓宽可供选择的制度范围，以增加绿色制度的供给，从而解决绿色制度供给持续性不足问题。第二，政府可以直接提供绿色制度供给，降低供给成本。如循环经济实施的关键是掌握有关各种产品、废弃物容量的信息，以保证产品生产的连续性。由企业自己去搜集信息，寻找合作伙伴，进行谈判，各种事前成本比较大。国家可以利用其所拥有的丰富的市场信息和财政税收特权、城镇规划等有利条件进行生态园区建设，将相关企业吸引过来，使得有效信息的范围相对集中，以减少企业各种成本，这本身就是一种绿色制度的供给。另外，对城市垃圾的集中处理、污水处理设施的建设等也是绿色制度的直接供给。第三，政府可以促进相应科学技术的发展，增强绿色制度的供给能力。技术与制度究竟哪一种更重要，这个问题一直是制度经济学争论的热点，在这里我们不必对这个问题加以深究，但有一点是可以肯定的：技术对制度的创新有重大的影响。绿色制度创新也是建立在一定科学技术基础之上的，如环境污染的定量化描述就是与一定的监测与评定技术直接相联系的，如果在技术上能很方便地进行测量与定量化描述，那么环境问题就不会像现在这样复杂了。可以说，在某种程度上，实现环境与经济可持续发展的关键是大力发展环境科学技术。目前，政府主导科研投资的方向，如果政府能将科技政策向环境与资源领域倾斜，无疑会对这一领域的技术发展起到重要的促进作用，从而也会提高绿色制度的供给能力。

4. 政府在绿色制度创新中的角色定位

前面从对绿色制度创新的特性及政府的特性的分析中我们可以看到，政府的定位对绿色制度创新的方向、速度、路径都有很大的作用。正如胡汝银先生在研究中国改革所发现的那样：改革的方向、速度、路径等在很大程度上取决于拥有最高决策权的核心领导者的偏好及其效用最大化，改革过程中社会效益的增进是以核心领导者能获得更多的效用为前提的。因此，在绿色制度变迁的不同阶段，政府的正确定位将会起到事半功倍的效果，政府应当成为绿色制度变迁的倡导者、服务者和监督维护者，而不能经常以直接指挥和行政命令等手段干预企业的生产经营活动，否则，企业的绿色创新和转变的积极性就会大大降低，"寻租行为"将会大量发生。

（1）倡导者。绿色化是一种更为先进的生产方式，但由于"路径依赖"的存在，这种生产方式必须以传统的生产方式为制度转变的起点，而传统生产方式的利益既得者会阻止新的生产方式的产生。另外，只有当单个制度安排的累积变迁达到一定的临界点，一个制度结构的基本特征才会变化，而且制度变迁的过程也是逐步演化的。现实的情况是，国内企业的信息水平与人力资本价格等都比较低，有的企业（特别是一些乡镇企业）对这种新的生产方式还不是很了解，加上传统意识形态的刚性约束，进行这种转变的激励力度不足。这就要求政府利用自身的优势，进行教育宣传，倡导这种生产模式，并制定一些政策进行引导。这一角色主要体现在绿色制度创新的初期。

（2）服务者。当企业产生这种转变需求时，政府就应当尽可能地给予及时的信息咨询，进行绿色转换所需要的人力资源培训，制定配套的制度等，为新旧制度的转换提供必要的服务，当好服务者。如许多企业对 ISO14000 认证的程序并不太熟悉，这时政府就应提供一个方便快捷的服务。目前，高昂的认证费用和繁杂的认证手续将很多想进行绿色认证的企业拒之门外。

（3）监督与维护者。制度的有效实行是与监督、管理分不开的，这就需要一个公正的绿色制度转换的监督与维护者。政府天然具有监督的公正性，而企业利益千差万别，当企业从自身的利益出发而可能危害社会利益时，作为社会利益代表的政府就应对其进行相应的惩罚，以确保整个制度转变的顺利进行。当制度创新体系逐渐完善、企业绿色转变步入正常轨道时，政府则应考虑到自身的知识限制，退出直接的创新，让地方和企业成为创新的主体，而自己则应根据各地的创新绩效进行法官式的裁决。

当然，绿色制度创新的各个阶段并不是截然分开的，政府的角色也应是一个综合体，即在同一时间段，政府应是倡导者、服务者、监督与维护者的三位统一体。

四、绿色制度是发展经济的保障

绿色制度是推动绿色经济发展的稳定力量，通过正式的和非正式的绿色制度，可以有效地约束各个经济主体的非绿色行为，以促进社会经济逐渐步入可持续发展的轨道，推动经济和社会的绿色化进程。

（一）绿色制度是规范企业绿色发展的保障

在市场经济条件下，企业的经营目标是利润的最大化，而这样的目标经常会与生态环境的保护相矛盾。在这种情况下，如果没有绿色制度约束，如果企业可以搭便车，不必为自己所产生的外部性行为而支付成本的话，它就必然会为了实现利润最大化的目标，而不顾资源的破坏和环境恶化的结果，这是受利益驱动所必然实施的行为。但如果有相应的绿色制度，如有了污染付费制度，企业必须为其所造成的外部环境损失而支付费用，需要把外部性费用内化为内部性成本，企业就会重新调整自己的行为，朝着有利于环境保护的方向转变。假设某一企业生产一个单位 A 产品可以获得 300 元的利润，但会造成 350 元的环境损失。如果没有绿色制度约束，该企业就会大量生产 A 产品，因为环境损失由社会共同承担的，而利润是属于自己的。现在如果对生产每单位 A 产品征收 350 元环境补偿费，则该企业就会修正自己的行为。可见，绿色制度将有效地约束企业的非绿色行为。

首先，强制性的绿色制度可以制止企业污染的行为产生。如国家对污染特别严重的小企业采取强制关闭的政策措施，就可以杜绝这种企业产生污染的可能。

其次，绿色制度可以将企业对自然资源与环境的外部性影响内部化，促使企业将自然资源与环境成本纳入其经营管理的范围内，如按照污染者付费原则制定的排污费制度、排污权市场交易制度、环境与资源的税收制度以及生态补偿制度等，都可以在不同程度上对企业经营所造成的外部环境影响行为进行适当约束。

（二）绿色评价制度可以有效地约束政府行为

政府是制度的制定者。在经济主体多元化的市场经济中，各个经济主体的行为已经多样化，这就更需要作为社会利益代表者的政府制定各种制度以约束各经济主体的行为。而绿色经济作为一种新的经济发展模式，需要政府提供绿色制度，以引导企业经济发展模式的转变。但政府制定制度的行为也需要有相关的制度约束，这就是绿色评价制度。这一制度的约束对象是政府本身，它可以对政府是否适时地制定了绿色经济发展进程所需要的绿色制度，以及对其所制定的绿色制度是否是科学有效等方面进行评价和考核。

首先，科学的政府宏观政策是建立在充分的信息基础上的。绿色评价制度能及时地提供更加准确有效的环境信息，可以使政府更加清楚自然资源消耗和环境污染情况，制定出更加合理有效的绿色措施，从而可以增强政府的绿色政策和行为的科学性。

其次，绿色评价制度将资源环境项目纳入地方政府的考核范围内，可以防止经济至上的地方保护主义行为发生。企业的环保行为直接受当地政府环保政策的影响，因此可以说，地方政府的经济保护主义行为是导致环境污染的重要原因。实施绿色评价制度，对地方政府的考核就不仅局限于经济方面，还包括自然资源消耗及环境污染情况，这将促使地方政府的行为从原来的经济至上主义转变为关注经济与生态环境的协调发展，进而制定出促使当地企业向绿色化转变的经济政策。

（三）绿色制度可以有效地约束消费者行为

在绿色经济的发展中，正式的和非正式的绿色制度的作用都是不容忽视的。

首先，一些非正式的绿色制度，如风俗习惯、意识形态、社会公德等，在引导人们绿色生活方式的形成、促进消费等方面有着极其重要的意义和作用。绿色制度可以促使消费者将环境保护视为义务和时尚，自觉约束自己的消费行为，积极参与各种社会性的绿色行动，包括对各个经济主体进行社会监督，创造一个约束企业绿色发展的外部环境，进而形成促进绿色经济发展的重要社会力量。

其次，一些绿色激励制度会约束消费者的资源浪费与污染环境的行为。如征收生活垃圾费的制度、资源税的征收制度等都是促进消费者消费行为绿色化的行之有效的经济手段。

第四节　绿色文化激励资源经济转型发展

一、绿色文化的兴起

绿色文化是绿色文明时代的意识形态。人类的文明经过了从灰色文明、黑色文明到绿色文明的发展过程。

（一）从灰色文明、黑色文明到绿色文明

一部文明史，是人类借助科学、技术等手段来改造客观世界，通过法律等制度来协调群体关系，借助宗教、艺术等形式来调节自身情感，最大限度地满足人类基本需要，不断促进人的全面发展的历史。这既是人与人关系发展的历史，也是人与自然关系发展与变化的历史，所以衡量文明的综合尺度应当是生产力和生产关系、经济基础和上层建筑。当然也可以从

不同的角度来理解文明的历史进程。一方面从人与人的关系看，人类文明的历史可以分为原始文明、封建文明、资本主义文明和社会主义文明；而如果从人与自然关系的角度来理解，人类的文明历史则可以区分为灰色文明、黑色文明和绿色文明。

（1）农业革命与"灰色文明"。绿色的自然界哺育了人类，而学会使用和制造工具的人类便开始了对绿色的自然世界进行改造的历史。农业革命是人类发展史上的第一次具有历史性意义的伟大革命，其大大地提高了人类改造自然的能力。但农业革命同时也对人与自然的关系产生了重要的影响，对自然生态系统造成了一定程度的破坏，被称为是"灰色文明"。因为当人类能够制造工具进行农业生产的时候，人们就开始了毁林的历史，陆地上最大的生态系统因此而遭到破坏。玛雅文明的消失和丝绸之路的荒漠化就是这一段历史的见证。从历史上看，农业革命在促进生产发展和社会进步的同时，对自然生态系统也进行了一定的改造。因为这时人类的生产能力不是很高，所以它对自然改造的力度不大，所造成的破坏也是相对有限的，因此，农业革命只是使人类初期的绿色世界变成灰色世界，人类对生态环境的影响仍处在相对和谐的状态。

（2）工业革命与"黑色文明"。18世纪以蒸汽机发明和使用为起点的工业革命，是人类历史上的又一次伟大的革命。工业革命极大地提高了生产力，使人类能够把更多的自然物质纳入社会经济系统的周转中，特别是从根本上改变了能源的结构。而当石油、煤炭等新能源在为工业的大规模发展奠定了物质基础的同时，也以惊人的速度改变了自然的面貌。以追求高额经济利润为目标的工业社会，是以大量自然物质的消耗为代价的，并创造了前所未有的物质财富，物质文明的程度得以大大地提高。在工业革命的基础上形成的工业文明极大地破坏了人类与自然的关系，并由此产生了生态危机。遭受人类大规模的掠夺和严重污染的自然世界，已经由原来的灰色变成了黑色，工业文明因此被称为是"黑色文明"。

（3）绿色革命与绿色文明。20世纪的人类在遭受生态危机的惩罚之后，不得不对工业文明的二重后果进行深深的反思。人们终于发现，过去的人类在为自己创造物质财富的同时，把自然的世界改造得面目全非。而被毁坏自然的世界，就最终是毁了人类自己。痛定思痛，人类开始把注意力集中到调整自己的行为上来，并认识到，只有这样，才能重新建立起人与自然的和谐关系，才能在人与自然的和谐共处中发展。到20世纪90年代，人类在这方面的认识产生了质的飞跃，1992年联合国环境与发展大会是这一飞跃的标志。因为在这次会上各国政府就环境保护达成了共识，并采取了共同的行动——实施可持续发展战略。之后，在全球范围内掀起了绿色革命浪潮。绿色的理念逐渐深入社会生活的各个方面，它不仅影响着人类的经济活动，而且冲击着人们传统的价值观念，改变着人们的行为模式。世纪之交的绿色革命，必将会产生一种新的文明形式——绿色文明。

（二）绿色意识的形成与发展

绿色意识是绿色文明时代的实践的思想反映，它是在社会经济日益绿色化的进程中产生和形成的。自 20 世纪上半叶以来，频繁发生的生态环境灾害逐渐唤醒了人们的绿色意识，人们开始重新审视人与自然的真实关系，重新思索自身的行为与未来的发展。从蕾切尔·卡逊夫人的《寂静的春天》的出版到各国政府积极采取各种措施来减轻环境污染，各种绿色社会团体纷纷成立，掀起了席卷全球的绿色革命，绿色意识的发展大约经历了三个阶段。

第一阶段：20 世纪 60~70 年代初的萌芽时期。这一时期以《寂静的春天》的出版为起点，以 1968 年联合国环境规划署和"罗马俱乐部"以及 1971 年"绿色和平组织"的成立为标志。一些有识之士已经意识到了环境问题的严重性，并为之奔走和宣传；一些发达国家的政府也开始意识到这一问题，并采取了一些治理环境污染的措施。但这种观点还没有为大多数国家和大多数民众所知晓和接受。

第二阶段：20 世纪 70 年代到 90 年代初的国际化发展时期。1972 年斯德哥尔摩会议召开，大多数国家已经意识到环境问题与非绿色的经济发展方式密切相关；1985 年《保护臭氧层维也纳公约》及 1987 年《关于消耗臭氧层物质的蒙特利尔议定书》相继签订，表明各个国家都已经清楚地意识到生态环境问题将危及人类的生存和发展，并开始了全球统一的行动。在这个阶段，各种形式的环保组织纷纷成立，公众的绿色意识逐渐增强，但环保问题仍被认为是政府的职责。

第三阶段：20 世纪 90 年代以后的绿色革命时期。以 1992 年在巴西召开的联合国环境与发展大会为起点，可持续发展理论在全球范围内取得了共识。世界各国和地区相继成立了可持续发展理事会或相应机构来专门研究并推动可持续发展战略。在这个时期，绿色理念已深入人们的日常生活，环保被认为是大家共同的责任。

（三）绿色文化的兴起

作为意识形态的文化是历史过程的积淀。《辞海》中对"文化"的定义有广义和狭义之分。广义的"文化"是指人类在历史实践中所创造的物质财富和精神财富的总和。而狭义的文化指的是社会意识形态，以及与之相适应的制度和组织机构。这里用的是狭义"文化"的概念，它是人们有目的创造的、以观念形态存在的各种知识体系的综合体。

绿色文化是绿色文明时代的精神产物，其核心内容是对当前人与自然关系的种种片面和错误理念的拨乱反正。因此，绿色文化不仅是表层地反映那些直接威胁人类生存的严重的生态环境危机，不仅是一种忧患意识，而且是对产生这些危机的根源进行深层次思考，是人们对传统的世界观、价值观和生存方式等观念形态的知识体系进行深刻检讨的产物。从观念体系来看，它包括了绿色的哲学观、价值观，绿色的伦理道德等意识形态。

绿色文化的兴起同生态学这一学科的发展有很密切的关系。生态学是一门古老的学科，它属于自然科学。但在 20 世纪 70 年代后，生态学与环境革命同步，并在环境革命中得到创新和发展，超越了作为纯粹自然科学的生态学，现代生态学逐渐成为一门受到自然科学和社会科学共同关注的、相互结合的学科。在这个过程中，人文社会科学的各个学科广泛吸收了现代生态学和其他一些相关学科的最新成果。现代生态学一方面促进了生态学的现代化；另一方面也推动了这些学科的绿色化进程，形成了一些新的交叉分支学科，如生态哲学、生态伦理学、生态美学、生态文学等，构成了绿色意识形态的各个层面，形成了倡导生态精神的绿色文化。

在绿色文化这一观念形态的复合体中，对绿色经济发展起着内在软约束作用的意识形态主要有绿色的哲学观、价值观、伦理道德观、审美观等，这些意识形态反映了绿色发展的理论和观念，也体现了人美追求与自然和谐相处的发展诉求。

二、绿色哲学观

（一）绿色哲学观："整体观"对"二元论"的突破

绿色哲学观是在对传统哲学的世界观和方法论的理论突破中形成的，是"整体观"对"二元论"的突破，是生态学的方法对传统的机械方法的突破，这种突破是同生态哲学这一新的学科分支的产生分不开的。生态哲学是生态学和哲学相互融合而形成的交叉学科。

　　"二元论"是近代哲学的世界观，它是由笛卡儿、黑格尔创立的。无论是在笛卡儿的唯物论中还是在黑格尔的唯心论中，现实的世界都是二元的。在人同自然的关系上，他们都坚持了"主体性"原则和"主－客关系"的思维方式。生态哲学则吸收了生态学的基本观点：人类与自然虽然是人类生态系统的两个单元，但作为一个系统，整体性才是其最本质的特征，因此世界是一个由人类和自然构成的整体。对整体性世界的分析方法，应当是系统的方法。虽然人类与自然是系统的两个相对独立的单元，是有本质区别的不同的"类"，但作为一个系统，它们之间的联系是更为本质的关系。因此，这种系统分析的思维方式是对传统哲学的"主体性"原则和"主－客关系"思维方式的突破。

　　传统哲学的"二元论"和"主体性"原则中"主－客关系"的思维方式，确立了"人类中心主义"的基本立场。作为世界主体的人乃是万物的中心，而人以外的他物都是为人类所支配，都是人类统治的对象，因此，人与物之间是统治和被统治、支配和被支配的关系。"人类中心论"因此成为西方哲学的一个专门的术语。

　　"人类中心主义"是黑色文明时代的哲学立场，是二元世界观、主体论和"主－客思维"的逻辑结果。既然只有人类才是自然界的主人，而自然不过是为人类的需要而存在的，它当然就只有服从和被统治被征服的"命运"。因此，为了满足人类的需要，特别是人类无限膨胀的物质需要，人类就可以随意征服自然，甚至掠夺自然、牺牲自然。正是在这样肆无忌惮的掠夺中，自然资源逐渐被耗竭，自然界也成了大垃圾场，结果致使自然生态系统遭到破坏而严重失衡。在这样的哲学理念下，人的价值观视野中只有人类自己，根本无视自然的存在，人与自然之间不仅不是平等的，而且还是严重对抗的。

（二）绿色哲学观是绿色文明时代的哲学观

　　一方面，绿色哲学观是与绿色文明相适应的哲学观，是一种全面反映人与自然之间的真实关系的哲学观。在这种观念中，人与自然既然都是人类生态系统这一共同体的不同单元，人与自然之间就存在着相互依存的关系，是唇齿相依的"伙伴"关系，自然存则人类兴，自然灭则人类亡。人类不再是征服一切的统治者，而是和自然一样处于平等的地位上；自然不再是一个被征服的对象或客体，也不仅仅是供人类使用的工具或手段，而且是与人类生存和发展休戚相关的"伙伴"和"同行者"，应该作为自身要素纳入人类发展的内涵中来。自然的意义与价值不再只属于人类，它们也具有自己内在的价值，具有生存的权利。良好的生态环境是人类实践活动的产物，是人类文明的凝聚和体现，反过来又构成了促进人类全面发展所不可缺少的外部自然条件。因此，人与自然必须和谐相处，在协调中发展，并且也只有在协调中才能共同发展。在实践上，这种哲学观要求人类保护地球上所有形式的生命及其存在的环境，保护文化的多样性和自然生物的多样性，在保护人类权利的同时，也要保护其他生命形式和自然界存在的权利，而不是以人的尺度来任意处置自然。

另一方面，共同属于同一个系统整体的人类与自然也不是绝对平等的关系。在这一点上，实际上存在着两种极端的哲学观点："人类中心主义"和"人类与自然的绝对平等论"，后者否认了人类是一种特别的生命形式。这种"特别"就在于人类所具有的文化。人是有意识、有道德的，并且通过教育使这种文化代代相传，人类历史是通过生物基因的遗传而延续与发展的历史，同时也是通过文化基因的传承而不断进步的历史。文化影响着人们的行为，也影响着自然。与自然界的各种生物之间的"自然选择"不同，人类与自然之间进行的是"文化选择"。人类不是去消极地适应自然，而是能够充分发挥人类的主观能动性，遵循自然规律，影响自然，调控自然的发展方向，创造性地与自然和谐相处，共同发展。因此，在人与自然的共同体中，人类不但是自然的依存者，而且是自然的调控者。人类将凭借着智慧、科学技术的力量，深入自然之中，以一种与自然共生的博大胸襟，感悟自然、认识自然、尊重自然和改造自然，和谐相处、共生共荣。

（三）我国古代的绿色哲学思想

值得我们自豪的是，与西方的近代哲学不同，东方的古代哲学思想更接近现代哲学观，我们拥有更为厚实的文化遗产。我国古代哲人的"天人合一"和"理一分殊"就包含了上述两个方面的内容。一方面是认识到人与自然之间相互依存的统一的关系。"万物一体""天人合一"是古代哲人一脉相传的思想，是中国传统哲学的基础。张载的"民胞物与"不仅强调人与人之间是同胞，而且强调人与物之间也是同伴的关系。如荀子就有这样的论述："水火有气而无生，草木有生而无知，禽兽有知而无义，人有气有生有知亦有义，故最为天下贵。"又如程朱理学"理一分殊"也指出了人与自然的高低之分，朱熹说："天之生物，有血气知觉者，人兽是也；有无血气知觉而但有生气者，草木是也；有生气已绝但有形质臭味者，枯槁是也。是虽其分之殊，而其理则未尝不同。但以其分之殊，则其理之在是者不能不异。故人为最灵……"可见，我国古代哲学"万物一体"和"理一分殊"的思想是整体性世界观的体现。因为是"一体"，所以人类和其他生物是一样神圣的；又因为是"分殊"，所以人和其他生物之间毕竟是有所不同的。人类应当充分发挥自己的智慧、才能等主观能动性，更加善待自然，从而为人类的生存与发展创造一个更好的环境。

我国古代的绿色哲学思想还表现在传统的风俗习惯上。风俗与习惯是一个民族或一个地方的居民在长期的生活中逐渐形成的，它体现了一个民族和地方居民朴素的哲学思想。如古代的图腾崇拜，实际上就体现了一种崇尚自然的思想。特别是那些居住在深山老林中的居民，他们同自然之间的关系更为融洽，反映在意识上，就表现为更加绿色的风俗习惯。如哈萨克族是一个以游牧为生的民族，他们把广阔的天地、辽阔的草原和茂盛的森林作为自己生息繁衍的物质基础，他们亲近自然、爱护自然，与自然融为一体，形成了许多独特的风俗和习惯。

三、绿色伦理道德观

（一）绿色伦理观的形成

绿色伦理观是现代伦理学的重要内容，体现了伦理学的最新进展。随着绿色时代的到来，伦理学也在进行着绿色化的变革。现代的伦理学正在进行着几个方面的大转变：从德性伦理到制度伦理，从国家伦理到社群伦理，从权利伦理到公益伦理，从对抗伦理到共生伦理。显然，伦理学的这种变革方向，是与环境革命和生态学的发展密切相关的，或者说是吸收了绿色哲学、环境科学和现代生态学等学科发展的最新成果，形成了具有绿色理念的伦理观。实际上，伦理学正在与环境科学和现代生态学相结合，形成了环境伦理学和生态伦理学等新的学科分支。

1933年，美国生态学家莱奥波尔德发表了名为《大地伦理》的论文，提出了他的伦理观念：人的道德规范要从调节人与人、人与社会之间的关系，扩展到调节人与大地（自然界）之间的关系；需要重新确定人在自然界的地位，人应当由自然的征服者转变为普通的成员；重新确定伦理的价值的尺度，只用经济学的尺度来对自然界进行价值评价和采取自然保护措施是远远不够的，应当限制私利的膨胀。

在现代伦理观念的形成与发展的过程中，由挪威著名的哲学家阿恩·纳斯（Arne Naess）创立的"深生态学"起了非常重要的作用，深生态学不但被认为是"西方众多环境伦理学思潮中一种最令人瞩目的新思想，而且已经成为当代西方环境运动中起先导作用的环境价值理念"。深生态学是整体主义的环境伦理学，它是在西方的环境运动由原来具体的保护转向整体性的保护和对于影响环境问题的各种因素（政治、经济、社会、伦理等）进行整体性考虑的转折时期产生的。纳斯在 1975 年和 1985 年分别发表了《浅层与深层：一个长序的生态运动》和《生态智慧：深层和浅层生态学》，阐述了深生态学的基本观点：没有生物之间的联系，有机体不能生存，应把人的利益同其他物种、同生态系统的整体联系在一起；生物圈平等原则，反对等级的态度；多样性和共生原则，维护生态系统的多样性对维护生态系统动态平衡有重要的意义；自然界的多样性具有自身的内在价值等。这些观点基本上包含了现代伦理观的主要内容。

可见，伦理学的现代化过程，实际上也是绿色伦理观念的形成过程。绿色伦理观同绿色哲学观是一脉相承的，都是从整体性的世界观出发，以相互依存的系统方法为思维方式。伦理学把道德共同体的范围扩大到整个生态系统，把研究人与自然的伦理关系纳入研究的视野中，生成了新的伦理道德观念，在深层次的意识上来调整国际、代际间以及人与自然之间的利益关系。在现代伦理理念中，人与自然的对抗伦理已经转变为共生伦理：以个人权利神圣不可侵犯为核心的权利伦理也已转变为公益伦理，那些过去被认为是无主无价的自然资源与环境，现在被认为是人类赖以生存的整体性财产，是现代人和后代人共有的财产。因此，现代伦理观是以保护整个生态系统的完整性、实现整体化为目标来约束、规范人类自己的行为，重新确立人类对自然的责任、道德、义务和新的价值判断标准。

（二）绿色道德观

在传统的伦理学里，道德仅限于人类共同体。只有人才是道德的主体和客体，人的利益是道德原则唯一依据，人是道德的唯一代理人，也是唯一有资格得到道德关怀的客体。总之，传统的道德观把其他生命排除在道德范畴之外，人类对自然，对其他物种和生命不承担任何道德的责任和义务。绿色的道德观把道德共同体的范围扩大到整个系统，把自然和其他生命纳入了道德关怀的对象中。人类作为整个生态系统中唯一有意识有思想的个体，对整个生态系统负有道义上的责任。绿色道德观克服了两个极端的观点：一是把自然和其他生命排除在道德范畴之外，这是传统道德的观念；二是把其他生命同人类相提并论，认为其他物种也应当和人类一样负有同等的道德义务，即绝对平等观。

绿色道德观既要求人类对于自然和其他生命承担起应有的道德责任和义务，同时又反对把人类降低到和其他物种同样的水准上。人类作为地球上最高级的生命形式，具有主观能动性，应当负有更加重要的道德义务。当然，人类需要和自然界进行物质、信息、能量的交换，但这种交换是为了满足人类的生存和发展所必要的，而不是为了满足一些人的虚荣心，更不是为了满足那些毫无责任心的浪费行为。人类从自然界中获取物质、能量、信息，从而得到发展和进步；同时又从人类社会发展进步的成果中取出一部分反哺于自然界，使自然也得到发展，这样就形成一种良性循环，人类和自然界就能长期互惠互利，共生共荣，共同发展。这就是平等、公正原则在人与自然关系中的具体体现。在这里，充分发挥人的主观能动性是重要的桥梁。

（三）绿色义责观

绿色义责观实际上也属于绿色道德观的范畴，为了阐述更方便，这里把它单列。传统的伦理观只是把责任的范围局限于人类社会，责任的主体和客体都是人。对于人类最基本的生产和消费活动，也只强调其经济责任，而不考虑其生态环境责任。

黑色文明的生产方式是把自然资源与环境作为一个纯粹免费的公共物品，可以免费享用，无须维护，因此，就可以牺牲自然资源与生态环境来换取利润的高速增长，高消耗、高污染、数量型增长是这一生产方式的主要特征。与绿色文明相适应的责任观不同，它不仅强调生产的经济责任，而且重视它的生态环境责任。企业的生产活动不仅有获得经济收益的权利，也有不影响其他企业生产和社会成员正常活动的义务。环境虽是公共物品，但它并非取之不尽、用之不竭。每个企业虽然都有权使用它，但又不能侵犯其他企业和社会成员的环境使用权，因而每个企业都应有保护它的责任，这里的权利与责任是对等的。企业必须将其使用的资源与环境作为一项资产进行管理，纳入企业的成本核算范围，进而进行循环利用、清洁生产，促进绿色经济发展。

在消费行为上，那种以个人为中心，追求个人感观上的物质刺激，对消费过程中产生的污染熟视无睹的人们，实际上是把消费看成一种纯粹的个人权利行为，而忽略了其他人的环境权利。这种极端的个人享乐主义是与传统的道德观念相适应的，是黑色文明时代的消费方式，同绿色文明观是不相容的。绿色文化的消费方式是多样化的集体享用主义。它认为消费既是一种权利，也是一种义务；既是个人行为，也是社会行为；享用的方式有多种，除了有社会需求，还有强烈的生态需求；除了有物质享受，还有精神享受。因而，这种消费方式表现为以节约为荣、适度消费、不污染环境和多样化的绿色消费。

（四）绿色价值观

绿色价值观与黑色文明价值观的主要区别在于对自然存在价值及对人类行为的评价上。

在对自然存在价值的评价上，首先应当肯定自然界的任何生命都是生态系统的有机组成部分，是不可或缺的，都有其自身的内在价值，这种内在的价值并不能由人类的主观评价来决定。因为人们对自然物的价值判断会受到一定时期科学技术水平的制约，人们不可能完全理解和掌握自然生态系统的内在规律性，因此也不可能完全认识每一种生命对整个系统的重要作用，不可能完全认识它们的内在价值。

在对人类行为的评价上，绿色价值观同黑色文明的价值观也有不同的标准。传统的价值观是以单一的经济标准为评价依据的，并且是以近期经济利益最大化为价值判断标准。在这样的价值取向下，为了满足当代人日益膨胀的物欲追求就可以不惜牺牲自然和环境。绿色价值观对人的行为的评价标准是多层次的，它以经济、生态、社会的综合效用最大化和均衡持续发展为价值判断标准，经济只是这一判断标准中的一个组成部分。判断某一项社会活动的价值有三个层次的标准：

第一，这项活动是否有利于经济、生态、社会的长期持续发展；

第二，是否有利于促进三者之间的协调与均衡发展；

第三，在此基础上能否达到综合效用的最大化。

在这样的价值观念中，资源与环境都是有价值的资本，不但都应作为成本或收益纳入社会活动的成本核算，而且这里的价值是经济价值、生态价值和社会价值的统一。这种观念是把生态价值和人的价值置于不可分割的地位上，有着同等重要的作用，并且是在人的价值与生态价值良性互馈机制中促使自然和社会、经济的和谐以及人口、资源与环境的协调发展的。另外，这种观念把后代人的生存权利也纳入了价值标准的范围内，以这样的标准来判断当代人之间、当代人与后代人之间的关系，进而促使人类的各种社会活动变得更加理性化，使人与自然之间的关系变得更加和谐。

四、绿色审美观

（一）绿色审美观念的形成

体现绿色文明时代精神的文化，并升华为引导、规范和约束人们行为，影响人们对发展模式选择的绿色理念，除了绿色哲学观、价值观、伦理道德观，还有绿色审美观。法国的社会学家费里于1985年就预言，"未来环境整体化不能靠应用科学和政治知识来实现""我们周围的环境可能有一天会由于'美学革命'而发生翻天覆地的变化……生态学及其相关研究，预言着一种受美学理论支配的现代化新浪潮的出现"。这种现代化新浪潮出现的标志就是指生态美学的诞生。生态美学是生态学的理论与美学的有机结合，运用生态学的理论和方法来研究美学，将生态学的重要观点吸收到美学之中，从而形成一种崭新的美学理论形态。作为美学这一门学科的最新进展，它提供了绿色新时代的审美理念。

生态美学观是在20世纪80年代中期才逐步形成的，是时代的产物，当生态环境的危机已直接威胁到人类生存的时候，所有的学科都不能回避这一严重的社会问题。美学也不例外地对审美观进行重新调整。生态美学观的发展也是与生态学的发展密切相关的。当生态学已经超越了纯粹自然科学的范畴，便进入社会科学各个学科的视野，并与其他学科相结合，生态美学也是其与美学的结合物。另外，生态美学观的产生还与这个时期西方各国的"文化转向"有关，由原来侧重对文学艺术内在的、形式的与审美的特性的探讨，转向对当前政治、社会、经济、制度、文化等的探讨。在这样的文化转向中，人与自然的关系、严重的环境问题等就必然地进入了各个学科的研究领域。

（二）绿色审美观同传统审美观的区别

绿色审美观是以绿色哲学为指导，以整体论的世界观和生态系统的思维方法来重新审视世界审美问题，探索人与自然、人与社会、人类自身的审美关系的。绿色审美观体现的是合乎生态规律的审美状态，是生态存在美学观。在这样的哲学观的指导下，体现系统的基本特征的整体美、和谐美就成为生态美学的基本观点。

生态美学观同传统的美学观相比，存在着许多不同的地方。由于生态美学是以整体论的世界观为指导的，同时也吸收了生态学的最新研究成果，把一系列的生态原则和规律与美学理论结合起来，因此其理论和视角都不同于传统美学。这种不同其一表现在存在美内涵的扩大上，这个内涵由传统美学的人扩大到自然，扩大到整个人类生态系统。其二表现在对"存在"的内部关系的不同理解上。在传统的理论中，美学中"存在"的是孤立的个人，这些个人之间的关系是对立的。生态美学观则以整体性为基本出发点，认为不仅在人与人之间，而且在人与自然之间都是一种和谐的关系。其三是在审美价值上的区别。传统的美学是以二元论和主体论的世界观为指导的，把人与自然割裂开来，认为只有主体的人才具有独立的审美价值，自然界的美是由人评价和决定的，因此是没有独立的审美价值的。而生态美学则认为，作为人类生态系统重要组成部分的自然界，系统中的每一个单元和物种，都有其内在的价值、具有独立的审美价值。

五、绿色经济的发展需要绿色文化的支撑

现代人类已经认识到，人们赖以生存的地球只有一个，我们必须保护地球，应当走可持续发展的道路，发展绿色经济是必然的选择。

（一）绿色经济取代传统经济模式需要绿色文化的支持

从传统经济到绿色经济发展模式的转换，是人们进行无数次选择的过程。这种选择不仅是基于经济的选择，也是文化的选择，是认识了规律的人们的理性选择，是受到绿色文化引导、影响、制约的选择。马克思主义的基本原理告诉我们，意识形态虽然是由经济基础决定的，但意识形态一旦形成，就具有相对的独立性，它的发展有其规律，在一定的条件下，它还可以领先经济基础进入更高的层次，并且会成为一种精神力量，对经济基础发挥巨大的作用。社会主义的发展历史就证明了这一点。同样，绿色文化也参与并影响着经济发展模式的选择。

其一，绿色理念作为一种内在的意识，会成为影响着企业经营方式选择的内在力量。同其他企业管理者相比，具有绿色理念的企业管理者更能够全面认识企业的经济和环境的责任与义务，因此，他们在制定企业的发展战略和经营策略时，将可能选择更加有利于资源与环境和谐发展的经营模式，使得企业的经营行为与自然环境更加协调，进而促进绿色经济的发展。

其二，公众绿色意识的增加是推动企业绿色化进程的市场力量。市场需求是企业生产的起点，而绿色需求是随着社会公众绿色意识的增加而扩大的。社会对绿色产品需求的增加，将会有力地拉动绿色经济的发展，从而促进企业进行绿色化转变。有关调查数据表明：65％的被调查者愿意为了环保购买比一般价格贵20％的商品，28％的人打算以消费有利于环境的

物品来支持环境保护。这表明，绿色需求将创造巨大的绿色商机，推动绿色经济的发展和进步。

其三，社会公众绿色意识的增加是促进企业进行绿色化转变的外部力量。随着绿色意识的增加，越来越多的人开始关心环境问题，并付之于行动，特别是当企业损害了他们的环境利益时，许多人会拿起法律的武器，把企业告上法庭。因此，民众绿色意识的增加，将汇成一股巨大的社会力量，对企业的环境责任实施有效监督。现在南京市就有越来越多的市民参与污染行为举报活动，从而从外部促使企业进行绿色化转变。

（二）绿色文化有利于降低绿色经济模式的推进成本

绿色经济取代传统经济模式的过程是一个渐进的过程，而在渐进的过程中，绿色文化所起的作用是巨大的，并且是不可替代的。制度变迁的必要条件是制度变迁的收益要大于制度变迁的成本，但这是对社会整体利益而言的。对个体来说，是利益的调整过程。绿色经济作为一种新的发展模式，它的实质是内化社会主体行为的资源与环境的外部性，这实际上是如何协调社会利益与个体利益、长远利益与近期利益之间关系的过程。这个过程是艰难的，因为对某一社会主体的单元来说，经济利益是他们主要的利益，进行模式转换可能会导致某些个体经济利益的损失，因此可能会受到这些利益主体的抵制。在这样的情况下，由于路径依赖的作用，如果单纯通过正式的制度去强制推行绿色经济新模式，必然要更多地采取经济手段，如罚款等形式，使那些不进行转变的企业增加经济成本。但自身的经济利益会诱导企业逃避这种额外的成本，因此需要有充分监督。由此而产生的"绿色"替代成本是巨大的，甚至会引起社会的不稳定。所以渐进推进是必然的选择。这里的"渐进"也就是在一定的正式制度存在并发挥作用的情况下，通过绿色文化的引导，使更多的人接受绿色的理念，逐渐有更多的人不是被迫，而是自觉地选择绿色的生产方式和生活方式。可见，渐进的过程，是绿色文化自身不断发展的过程，同时也是绿色文化不断发挥作用的过程，是绿色的世界观、价值观、伦理道德观引导着人们进行绿色转化的过程。

（三）绿色文化有利于促进绿色科技的发展和应用

绿色经济的发展需要绿色科技的支撑，但科技是由人创造发明的，科技的应用也会受到人们社会意识的制约，所以科技也是一把双刃剑。绿色文化，尤其是绿色的世界观、方法论，绿色的伦理道德观对绿色科技的发展和应用有着极其重要的作用。绿色文化将有利于推动科技的绿色化进程，能为绿色经济的发展提供强有力的科技支撑。

（四）绿色文化有利于促进社会生活方式的绿色化转变

生活习惯和生存方式是一定文化的表现形式，绿色的文化将有利于引导人们逐渐改变传统的不良生活习惯和生活方式，促进社会的绿色化进程。例如，已经成为灾难的白色污染，实际上是与人们的不良生活习惯有关。随着社会公众绿色意识的增加，这些环境问题将可能得到较好的解决。意识是影响生活方式的重要因素，绿色道德观念等绿色意识对人民生活方式的影响，有时比正式的制度更能有效地约束人们的消费行为。近年来，随着人们的绿色意识的增加，人们的道德观念也有了一些转变。所以，提高全民族的绿色意识，建设和发展绿色文化，是促进绿色经济发展的重要途径。

六、我国绿色文化的发展现状

在很长一段时期内，我国处于短缺经济和计划经济中，人们的需求基本停留在低层次的生存需要水平上，环境保护工作也属于政府统包的内容，缺乏产生绿色意识的客观基础，因此大多数人的绿色意识淡薄。到了 20 世纪 90 年代，人们的物质生活已经摆脱了贫穷，进入了小康，有能力追求更高层次的需求。另外，随着可持续发展战略的实施，我国民众的绿色意识开始升温，绿色文化的建设也加快了步伐。

（一）群众的绿色意识逐渐增加

推动绿色发展首先在于意识。必须转变思想观念，培养绿色生态意识。加强生态文明教育，广泛宣传正确的价值观、人生观；倡导和推行简约适度、绿色低碳的生产生活方式和消费模式，从小事做起、从身边事做起；动员全社会参与，提高群众的关注度和参与度。

例如，2020 年北京市公众环境意识指数为 74.75 分，比 2018 年提高 4.23 分，并呈现持续提高的趋势。"十三五"期间，公众的环境认知度及行为践行度都有所提升，越来越多的公众选择绿色低碳的生活方式。调查结果显示，近五年，公众对北京市环境质量评价总体呈上升趋势。2020 年总体环境质量得分 8.01 分，较 2016 年提升了 1.78 分。空气质量和水环境质量评分也有较为明显的提升，相较 2016 年分别提升 1.95 分、1.60 分。

在政府、企业、公众三大主体中，公众认为自身在环境保护中的重要程度逐年提高。2020 年，公众认为政府、企业、公众在环境保护中重要程度趋同，分别为 92.6%、90.0%、91.2%，为全民共治提供了认知基础。调查显示，95.8%的受访者与他人讨论过环保话题，22.7%的受访者表示经常与他人讨论环保话题，73.1%的受访者有时会讨论。公众对破坏环境的行为反应积极，以投诉举报的方式为主。和 2019 年相比，公众主动监督举报环境违法行为的意愿提高了 7.1 个百分点。此外，愿意为支持环境改善付出一定成本的公众比例提升了 2.4 个百分点。公众购买新能源汽车的意愿较高。调查显示，2020 年表示愿意购买新能源车的公众占比为 61.2%，公众考量是否购买新能源汽车的主要因素包括续航里程长短、充电设施是否完善等。据了解，2020 年北京市公众环境意识调查采用线上线下相结合的方式，回收了有效问卷 6350 份，覆盖北京市的各个区。

（二）绿色文化活动逐渐丰富

目前，各种绿色文化活动形式多样，内容丰富。一是以节日的形式开展绿色活动。如义务植树周活动，这是从中央到地方的、领导带头参加的绿色行动，并以此来带动全民的义务植树活动，既弘扬了绿色文化，又促进了绿化。又如中国爱鸟节活动，通过科普宣传片展播营造全民参与、共同保护的爱鸟护鸟社会氛围，提升绿色理念和环境保护意识。二是开展了以一部分人为主体的各种主题活动，影响比较大的有保护母亲河行动、环保世纪行活动，还有绿色校园活动、环保志愿者行动等，这也成为绿色文化活动的一个重要组成部分。三是商业性的绿色活动，如环保公益广告等，也成为绿色文化宣传的一个内容。

（三）非政府绿色组织的快速发展

非政府绿色组织是政府之外的重要力量，它的发展是绿色文明进步的重要标志。我国各种非政府环保组织发展起步很晚，但进展比较快。1993 年，当我们申办 2000 年奥运会时，中国还没有绿色的民间组织，所以当国际奥委会官员问到中国有无民间环保组织时，我方代表团不知如何作答。但到 2020 年底，我国正式登记在册的民间环保组织已有几千多家，可见其发展之迅速。

（四）仍然存在的不足

（1）我国绿色知识水平层次较低，绿色法治意识淡薄。公众的环保知识水平还处于较低层次，这与我国公民的文化素质不高，科技水平较低的情况是相一致的。

（2）绿色意识层次低。我国大多数群众的绿色意识尚处于比较低的层次上，就是政府着力推进的绿色文明建设，许多地方也仍然是停留在环境卫生等低层次上。大多数群众仍处于"只关心身边的环境卫生与植树造林"等"日常生活型"的比较浅的层次上，只是对直接影响自己生活的环境污染问题最为关注，如城市居民关注影响自己生活质量的空气、噪声、工业污染等，而农村居民则更关注水污染、土壤污染等。而对远离自己生活的生态环境问题关注不够，如"生物多样性""水资源匮乏""气候变暖"等问题，认知程度很低。

七、建设绿色文化促进绿色经济的发展

我国的绿色经济尚处于初级发展阶段，需要厚实的绿色文化为其发展提供良好的社会环境。这样才能够广泛动员社会成员参与绿色运动，并推动其向更高的层次发展。目前，我国需要进一步加强绿色文化建设，培育绿色文明。

（一）绿色教育先行

绿色教育包括公众教育和正规的系统教育。因为公众的绿色意识影响着其绿色消费选择，影响着大众识别绿色产品的能力，所以需要在全社会范围内开展绿色教育，特别是在农村，普及绿色文化与生态科学知识，培养社会成员的绿色意识，以提高公众的绿色科学文化素质。在正规的系统教育中，我国虽然已经在中、小学教材中增加了有关生态环境保护的内容，但还需要进一步扩大生态教育的覆盖面和深度。

（二）加强绿色宣传

在绿色经济发展的初始阶段上，加强绿色宣传是必要和重要的。只有让更多的人和企业接受绿色文化，并身体力行，才能有效地促进绿色经济的发展。近几年来，我国的绿色宣传工作有了很大进步，公众也比较满意。但仍然需要提高层次和深度，要充分利用电视、广播、报纸等媒介，开辟更多的宣传渠道，通过多方位、多形式的绿色宣传来引导绿色消费，倡导绿色生活方式，通过提高全社会对绿色文明的认同程度来形成弘扬绿色伦理文化的良好氛围；并通过不断扩大绿色信息的公开范围，定期公布污染企业的信息，促使企业注重自身的绿色形象，以形成社会积极参与监督的风气，使绿色文化真正起到软约束的作用。

（三）积极开展各种形式的绿色文明创建活动

绿色文明创建活动是弘扬绿色文化的重要载体，它可以使群众亲身体验到绿色文化的内涵。目前，许多地方通过开展绿色小区、绿色社区、绿色学校、绿色园区、绿色城市的创建活动，提高了公众参与绿色文明建设的积极性，使更多的人受到绿色的教育，有利于形成全民参与绿色行动的社会风气。

参 考 文 献

[1] 苏懋康. 系统动力学[M]. 上海：上海交通大学出版社，1988.

[2] 卢现祥. 现代产权经济学[M]. 北京：中国发展出版社，1996.

[3] 潘家华. 可持续发展途径的经济学分析[M]. 北京：中国人民大学出版社，1997.

[4] 刘思华. 可持续发展经济学[M]. 武汉：湖北人民出版社，1997.

[5] 钱易，唐孝炎. 环境保护与可持续发展[M]. 北京：高等教育出版社，2000.

[6] 山仑，黄占斌，张岁岐. 节水农业[M]. 北京：清华大学出版社，2000.

[7] 尚玉昌，蔡晓明. 普通生态学[M]. 北京：北京大学出版社，2000.

[8] 刘思华. 绿色经济论：经济发展理论变革与中国经济再造[M]. 北京：中国财政经济出版社，2001.

[9] 张兵生. 绿色经济学探究[M]. 北京：中国环境科学出版社，2005.

[10] 张叶，张国云. 绿色经济[M]. 北京：中国林业出版社，2010.

[11] 陈银娥. 绿色经济制度创新[M]. 北京：中国财政经济出版社，2011.

[12] 柯水发，唐忠等，孔祥智. 绿色经济理论与实务[M]. 北京：中国农业出版社，2013.

[13] 陈建成，田明华. 绿色经济与林业发展论[M]. 北京：中国林业出版社，2013.

[14] 郑永琴. 资源经济学[M]. 北京：中国经济出版社，2013.

[15] 高红贵. 绿色经济发展模式论[M]. 北京：中国环境出版社，2015.

[16] 盛馥来，诸大建. 绿色经济：联合国视野中的理论、方法与案例[M]. 北京：中国财政经济出版社，2015.

[17] 马媛，候贵生. 绿色创新促进资源型企业转型升级机理研究[M]. 北京：经济科学出版社，2017.

[18] 张春霞. 绿色经济发展研究[M]. 北京：中国林业出版社，2019.

[19] 赵国浩. 资源型企业绿色低碳发展理论与对策研究[M]. 北京：经济管理出版社，2019.

[20] 杨涛，杜晓宇. 绿色金融：阻力碳达峰、碳中和[M]. 北京：人民日报出版社，2021.

[21] 诸大建. 绿色经济新理念及中国开展绿色经济研究的思考[J]. 中国人口·资源与环境，2012，22（5）：8.

[22] 杨志，张洪国. 气候变化与低碳经济，绿色经济，循环经济之辨析[J]. 广东社会科学，2009（6）：9.

[23] 谢和平. 发展低碳技术推进绿色经济[J]. 中国能源，2010，32（9）：6.

[24] 方时姣. 绿色经济视野下的低碳经济发展新论[J]. 中国人口·资源与环境，2010，20（4）：4.

[25] 崔如波. 绿色经济：21世纪持续经济的主导形态[J]. 社会科学研究，2002（4）：4.